中等职业教育国家规划教材
全国中等职业教育教材审定委员会审定

土地调查与评价

（国土资源调查专业）

主　　编　肖争鸣　黄华明
责任主审　毕孔彰
审　　稿　郭成城

中国建筑工业出版社

图书在版编目（CIP）数据

土地调查与评价/肖争鸣，黄华明主编．—北京：
中国建筑工业出版社，2002
 中等职业教育国家规划教材．国土资源调查专业
 ISBN 978-7-112-05435-0

Ⅰ．土…　Ⅱ．①肖…　②黄…　Ⅲ．①土地资源-资源调查-专业学校-教材　②土地评价-专业学校-教材
Ⅳ．F301

中国版本图书馆 CIP 数据核字（2002）第 099561 号

本书系统地介绍了土地调查与土地评价的工作程序和基本方法。全书共分十章，主要内容包括：土地调查概述、土地构成要素的调查、土地利用现状调查、地籍调查、土地利用动态监测、土地评价概述、农用土地评价、城镇土地评价、旅游土地评价、现代技术在土地调查与评价中的应用。
本书可作为国土资源调查专业及相关专业的中职教材，也可作为基层土地管理、土地评估工作者的参考书。

中等职业教育国家规划教材
全国中等职业教育教材审定委员会审定

土地调查与评价
（国土资源调查专业）

主　编　肖争鸣　黄华明
责任主审　毕孔彰
审　稿　郭成城

*

中国建筑工业出版社出版、发行（北京西郊百万庄）
各地新华书店、建筑书店经销
北京市书林印刷厂印刷

*

开本：787×1092 毫米　1/16　印张：9　字数：214 千字
2003 年 2 月第一版　2009 年 4 月第三次印刷
定价：14.00 元
ISBN 978-7-112-05435-0
（17181）

版权所有　翻印必究
如有印装质量问题，可寄本社退换
（邮政编码 100037）

中等职业教育国家规划教材出版说明

为了贯彻《中共中央国务院关于深化教育改革全面推进素质教育的决定》精神，落实《面向21世纪教育振兴行动计划》中提出的职业教育课程改革和教材建设规划，根据教育部关于《中等职业教育国家规划教材申报、立项及管理意见》(教职成[2001]1号)的精神，我们组织力量对实现中等职业教育培养目标和保证基本教学规格起保障作用的德育课程、文化基础课程、专业技术基础课程和80个重点建设专业主干课程的教材进行了规划和编写，从2001年秋季开学起，国家规划教材将陆续提供给各类中等职业学校选用。

国家规划教材是根据教育部最新颁布的德育课程、文化基础课程、专业技术基础课程和80个重点建设专业主干课程的教学大纲（课程教学基本要求）编写，并经全国中等职业教育教材审定委员会审定。新教材全面贯彻素质教育思想，从社会发展对高素质劳动者和中初级专门人才需要的实际出发，注重对学生的创新精神和实践能力的培养。新教材在理论体系、组织结构和阐述方法等方面均作了一些新的尝试。新教材实行一纲多本，努力为教材选用提供比较和选择，满足不同学制、不同专业和不同办学条件的教学需要。

希望各地、各部门积极推广和选用国家规划教材，并在使用过程中，注意总结经验，及时提出修改意见和建议，使之不断完善和提高。

教育部职业教育与成人教育司
2002年10月

前　言

本书是根据教育部职教司组织制定的"土地调查与评价"课程教学大纲基本精神和总结近几年来中职本课程教改经验基础上编写的。编写一本内容上涵盖从事国土资源调查职业岗位高素质劳动者对土地调查与评价方面的技术知识要求，注重基础知识和基本技能的介绍；文字上通俗易懂、简明扼要；注意理论知识与生产实践的密切结合；能使所有中等职业学校（包括中专、职业高中、技工学校）三年制国土资源调查及相关专业基本统一教学要求，以便为推行中等职业学校弹性学制创造必要条件的教材，是本书全体编者的努力目标。全书注重实践技能的训练和培养，力求做到重点突出、深入浅出。

本书编写时，考虑到本课程知识面较宽、信息含量较大、总学时相对较少的特点，采用了相对独立的模块式结构，以利于为未来弹性学制所用。基于这一思想，本书分三大部分共十章：第一部分由土地调查，由土地调查概述、土地构成要素的调查、土地利用现状调查、地籍调查、土地利用动态监测组成；第二部分由土地评价，由土地评价概述、农用土地评价、城镇土地评价、旅游土地评价组成；第三部分为现代技术在土地调查与评价中的应用。书中带有"*"者为选学内容。

本书由肖争鸣、黄华明任主编，参加编写的人员有：江西应用技术职业学院肖争鸣（第一、合编第二、合编第三、第七章），扬州农业学校黄华明、杨平（合编第四、五、六、八章），江西应用技术职业学院彭志良（第九章）、明东权（第十章），南方冶金学院卢峰（合编第二、三章），赣州市土地管理局俞春生（合编第二、三章）。全书由肖争鸣负责总纂定稿。由国土资源部咨询研究中心毕孔彰教授、郭成城高工主审。

在本书的编写过程中，南方冶金学院国土系刘小生博士、曾宪珪教授给予了指导和帮助；得到江西应用技术职业学院领导的大力支持和关心；同时，还参考了大量的有关文献资料，在此对关心和支持本书出版的领导、专家和老师以及所参考文献的原作者致以深切的谢意！

由于编者水平有限，加之时间仓促，书中错误和不妥之处在所难免，敬请使用本书的教师及广大读者批评指正。

目 录

第一章 土地调查概述 1
 第一节 土地调查的目的和内容 1
 第二节 土地调查的方法 4
第二章 土地构成要素的调查 7
 第一节 气候的调查 7
 第二节 地貌的调查 9
 第三节 地质条件的调查 11
 第四节 水文条件的调查 14
 第五节 土壤的调查 16
 第六节 植被的调查 18
第三章 土地利用现状调查 21
 第一节 土地利用现状调查概述 21
 第二节 土地利用现状分类 22
 第三节 准备工作 29
 第四节 外业调查 30
 第五节 航片转绘 35
 第六节 面积量算 40
 第七节 调查成果的整理 47
 第八节 检查验收 49
 第九节 汇总整理 52
第四章 地籍调查 56
 第一节 概述 56
 第二节 权属调查 61
 第三节 变更地籍调查 64
第五章 土地利用动态监测 67
 第一节 土地利用动态监测的内容 67
 第二节 土地利用动态监测的方法 68
第六章 土地评价概述 71
 第一节 土地评价目的与类型 71
 第二节 土地评价的基本原理和方法 72
 第三节 土地评价的工作程序 74
第七章 农用土地评价 77
 第一节 概述 77
 第二节 农用土地自然评价 79

第三节　农用土地经济评价 ································· 84
第八章　城镇土地评价 ····································· 90
  第一节　概述 ······································· 90
  第二节　城镇建设用地的适宜性评价 ······················ 91
  第三节　城镇土地定级 ································ 93
第九章　旅游土地评价 ····································· 106
  第一节　概述 ······································· 106
  第二节　旅游土地评价分析 ····························· 107
第十章　现代技术在土地调查与评价中的应用 ···················· 115
  第一节　航空摄影与航空像片的成像特征 ··················· 115
  第二节　航空像片应用于土地调查的判读方法 ················ 117
  ＊第三节　陆地卫星及其影像特性 ························ 120
  ＊第四节　卫星影像的判读 ····························· 122
  第五节　地理信息系统在土地评价中的应用 ·················· 126
参考文献 ··· 135

第一章 土地调查概述

第一节 土地调查的目的和内容

一、土地调查的目的

土地调查是对土地数量、质量、利用方式、可能性状况及其空间分布等各种数据进行的科学调查，是土地管理的基础。其目的主要是：

（一）为依法、科学管理土地提供基础

土地是人类赖以生存的重要资源，是农业生产最基本的生产资料，"十分珍惜、合理利用土地和切实保护耕地"是一项基本国策。通过土地调查，能够全面摸清土地资源的家底，包括土地资源的数量、质量、利用水平，以及土地的可能性界线；为建立土地登记和统计制度、土地档案、土地信息管理、土地有偿使用以及科学、合理地利用土地，提供准确的数据。

（二）为编制土地利用规划服务

土地利用规划是合理利用土地的一项综合措施。它根据规划区域的自然条件、社会经济状况和国民经济发展规划的要求，能充分利用土地资源调节的成果，在对土地的特征、数量、质量、空间分布、生产潜力、适宜性、限制性等做出评价的基础上，因地制宜地确定和调整各项生产建设用地比例，即对农业、工业、交通、公共事业等方面的用地比例进行合理配置。所以，土地调查是土地利用规划的基础工作。

（三）是实现土地动态监测的中心环节

随着社会生产发展和科学技术水平的提高，人类利用土地的方式、面积、土地利用类型及其分布都将发生变化。这一变化有的是符合自然规律和人类需要的，有的则可能是不符合的，甚至是破坏性的。因此，对土地动态变化进行监测研究，有助于调整和建立合理用地结构，保护土地资源，也是进行区域土地开发治理必不可少的内容。

（四）是编制农业区划、国民经济计划的重要依据

为使农业有计划地发展，发挥其区域优势，就必须进行农业区划工作。显然，只有摸清土地资源和其他农业自然资源的状况，农业区划才能有可靠和科学的基础，才能进一步揭示出土地空间分区划片的客观规律，才能不断优化农业产业结构。同样，制定国民经济计划，合理安排农业用地与非农业用地的比例关系，确定各业的发展任务和投资方向，都必须有土地调查数据作为计划决策的依据。

（五）是宏观调控土地市场的依据，为培育土地市场健康发展服务。

二、土地调查的任务

土地调查的任务包括以下几个方面：

（一）调查分析土地构成要素

土地是由气候、地貌、土壤、水文、植被等要素构成的自然综合体，土地特性、土地

质量的高低集中表现在自然要素特性的差异上。只有深入地分析研究土地构成要素的特性，以及各要素之间的相互影响与制约，才能掌握土地资源形成的规律，抓住主要矛盾，为土地资源的开发利用和保护提供依据。

（二）摸清土地家底

要科学、合理地利用土地，优化土地配置。首先要查明土地的种类、数量和分布状况，做到心中有数。土地的种类和数量包括有土地自然类型、数量和土地利用类型、数量，前者如山地、丘陵、平原、洼地、海涂等；后者如耕地、林地、牧草地、水域、交通、工业等用地。同时，还要调查各类土地的空间和时间分布状况，分析其地区间的差异，揭示其地域分布规律。

（三）确定土地权属界线

随着社会经济的发展，土地交易日益活跃，为保护土地所有者、使用者的合法权益，就要确定土地权属界线，统计权属单位的土地数量，为各个行业单位的规划、设计工作提供基础数据。另外，由于自然或人为因素的影响，需对土地相对性变化、土地利用、土地质量等进行及时的调查和监测，以便获取土地信息和反馈土地政策落实情况，进一步加强土地管理。

三、土地调查的内容

（一）土地构成要素的调查

土地由地貌、土壤、岩石、水文、气候和植被等自然要素组成，同时包括人类过去和现在的种种活动结果。因此，它具有自然和社会经济的两重性。要充分认识土地这一自然历史综合体，应以土地各构成要素的分析入手，从侧面到整体，从要素到系统，了解各构成要素与土地类型间的因果关系及对土地特性和生产力的影响，为土地经济评价、适宜性评价等提供基础资料。

（二）地籍调查

地籍调查是以权属调查为核心，查清每一宗土地的位置、权属界线、数量、用途等基本状况，满足土地登记需要。地籍调查是土地登记的前期工作和法定程序之一，其主要内容为权属调查和地籍测量。地籍调查按调查时期和任务的不同分为初始地籍调查和变更地籍调查；按调查对象分为城镇地籍调查和农村地籍调查。为了节约人力、物力，目前农村的地籍调查是在土地利用现状调查过程中同步完成的。

（三）土地利用现状调查

土地利用现状调查是以县为单位，查清村和农、林、牧、渔场，居民点及其以外的独立工矿企事业单位土地权属界线和村以上各级行政界线，查清各类用地面积、分布和利用状况。在此基础上，按行政区辖逐级汇总出各乡、县、地（市）、省（区）和全国的土地总面积及土地利用分类面积，并总结土地利用的经验和存在的问题，提出合理利用土地的建议。

（四）土地利用动态监测

土地利用动态监测是指运用遥感和其他现代科学技术对土地变化情况，特别是城镇建设用地和耕地的变化情况进行连续的监测。其主要内容包括土地利用监测、土地权属变化和土地质量监测等。通过土地状况的动态监测，可为各级政府决策提供准确及时的土地数据，也可检查土地统计，及时发现土地违法行为。

四、土地调查的历史

我国是一个历史悠久的农业古国,早在原始社会,便开始了土地的统计和分类,而且有了土地的划分,这在古代《禹贡》篇中有详细的记载。从奴隶制社会一直到解放的漫长岁月里,统治阶级为了维护土地的私有制,曾不断进行土地调查、土地登记工作,加剧了土地垄断和对劳动人民的剥削。随着全国解放和土地改革的完成,建立了新的土地所有制和使用方式,实行社会主义土地公有制。全国普遍开展了土地调查、丈量、划界、登记等工作。20世纪50年代,曾组织对荒地、林、牧、橡胶用地的区域性和专业性调查。1958年,农业部组织了以耕作土壤为中心的第一次全国土壤普查工作,取得了一些成果。20世纪60~70年代,对黑龙江、甘肃、青海等省进行的以荒地资源开发为中心的土地资源的调查评价,直接为荒地开发服务。在内蒙古、宁夏进行的以草原土地综合评价为重点的土地资源调查研究,为建立人工饲料草,提高草地生产力和合理利用草原地区的土地资源提供科学资料。1979年开始,历时十年完成了第二次全国土壤普查工作。1982年,完成了国土面积和分省面积量算,并编制全国1:2000000土地利用卫星影像图,利用抽样法量算全国十种土地利用类型面积。1984年5月,国务院批发了农牧渔业部等五个部委《关于进一步开展土地资源调查工作的报告》,要求全面查清我国土地的类型、数量、质量、分布、利用状况并作出科学评价。经过多年的努力,使全国土地资源调查工作稳步地开展起来。1986年,完成了《全国国土总体规划纲要》的编制。在全面分析土地、水、森林、矿产和海洋资源开发利用形势的基础上,提出了国土开发整治的目标和任务,生产力发展和布局的基本设想,结合环境保护以及重点开发地区建设的综合资源、经济、生态为一体的总体战略规划。1992年,在原国家土地管理局的组织下,完成了《全国土地利用总体规划纲要(草案)》。在综合分析全国土地利用现状和后备资源潜力的基础上,根据需要和可能提出今后一个时期内全国土地利用的目标和基本方针,提出对各地土地利用方向和结构调整的指导性意见。

随着国民经济的发展和科学技术的进步,特别是新近4S信息综合技术(RS、DCS、GPS、GIS)的发展和应用,土地调查工作将进入一个崭新的阶段。

遥感(RS)影像空间分辨力明显提高,商用卫星的空间分辨力已提高到1~2m。光谱分辨力也得到明显提高,在可见光及红外谱域已有多达100个的细分波段,极大丰富了遥感所获得的信息量。可以根据土地资源的特点,建立更准确也更精确的遥感信息模型。

DCS是指数据收集系统,亦称"遥测"。在地面上的定位观测站,如气象站、水文站、生态站、土壤侵蚀监测站等用直接接触方式记录的遥感器接收到的物理量,经过模数转换(A/D)经由卫星传输到地面遥测接收站,再提供给用户。土地资源的遥测数据可以验证和补充遥感信息模型的结果。

GPS是全球定位系统。通过该系统,在全球任何时间、任何地点可全天候地定位(经度、纬度、高度)、测时、测速。土地调查过程中有关采样定位、选择训练区进行定标及分类,以及信息复合过程中空间定标校核等,均可从GPS中获得技术支持。

GIS是地理信息系统,是地面处理图像、图形、数据、属性的计算机软件系统,依靠该系统可以处理土地调查的各类信息。

第二节 土地调查的方法

一、常规调查方法

(一)普遍调查与典型调查

1. 普遍调查 主要是通过全面收集调查地区的地形图、航空像片、卫星像片和各种有关资料和图件,并采取调查访问和实施路线调查来进行。普遍调查存在着调查范围广,工作量大,需要人力、物力多,时间长,时效差等问题,同时对问题难以进行更具体、深入地了解和研究。

2. 典型调查 按照土地调查的要求而专门组织的一种非全面调查。从全部调查用地单位中,选出若干典型用地单位进行周密系统的调查研究,以典型去代表普遍。典型调查是一种时效快,既能节约人力、物力,又能深入细致地了解情况的调查方法。特别是土地利用调查,涉及面大,而且具有地域性、多样性和综合性等特点,必须大量采用典型调查的方法,才能既全面而又具体地完成任务,提高土地调查的质量。但采用这种方法的关键是选择调查地段的代表性,必须是典型,只有这样,才能以"点"代"面",达到用典型调查代替普遍调查的目的。

在进行土地调查中,将普遍调查和典型调查结合进行,应用普遍调查的客观性、全面性来说明调查的广度,并完成调查任务、满足精度要求等;用典型调查进行深入、具体说明调查的深度和程度。例如,我们在调查土地利用类型的数量和分布时,必须按规定逐地块的调绘和补测;而在调查土地利用的合理性时却不能逐个乡、村普遍地一个一个的总结经验、教训,通过典型调查去完成。

(二)概查与详查

根据调查的目的、精度要求、基础图件资料和技术力量等情况,土地调查可分为概查与详查两种。

1. 概查 概查是为了满足编制国民经济计划,制定农业区划和农业生产需要而进行的一种土地利用现状调查。从我国近几年进行的概查情况看可以分为两种:一种是国家级土地利用现状概查,是利用地球卫星像片,采用分层抽样、数理统计和编图量算等方法,概查出全国的分省的主要土地利用分类面积;另一种是省级土地利用现状调查,是利用航空像片全野外调绘,然后转绘到地形图上量算面积,概查的基本单位到乡,汇总出分县的土地利用分类面积。土地利用现状分类细度只要求到一级地类,线状地物的面积可利用选点求系数的方法计算。土地利用现状概查是一种应急的简化调查方法,在手段和方法上都较为简单,调查成果的精度较低。

2. 详查 详查是相对概查而言,它要求全面细致地查清全部土地资源,为给国家计划部门提供土地的精确数据,给土地管理提供可靠的基础资料,目前我国开展的土地详查是以县为单位开展的土地利用现状调查。所利用的基础图件是农区有近期比例尺为1:10000(或大于1:10000)、重点林区有1:25000、一般林区有1:50000、牧区1:50000或1:100000的地形图,以及相应比例尺的航片或影像平面图。通过野外调绘和补测,把地类界、权属界、行政界以及变化的地物界转绘到地形图或影像平面图上。以修绘后的图件作为土地利用现状调查的工作底图,量算出各类土地面积。线状地物面积的量算采用图上量测长度和实地量测宽度的方法计算。调查的基本单位,农区到村、农林牧渔场到分场、林区和牧区到乡。土地利用现状分类到二级。因此,调查的成果,求积方法和精度都比概查准确。

概查与详查的区别　(1)详查要求具备近期一定比例尺的基础图件,以及相应比例尺的航片或影像平面图。而概查则可以使用更小比例尺的图件资料,可以根据具体情况确定。(2)详查基层统计单位在农区到村(国营农场到分场)级,林区和牧区到乡级。而概查的基层统计单位可以高于上述规定。(3)详查的土地分类细度到二级地类,概查土地分类细度只到一级地类。(4)详查中线状地物(包括河流、道路、林带、固定的沟渠等)的面积要用实量宽度和图上量测长度的方法计算。而概查中线状地物面积可用系数法等推算求得。

此外,在成果要求、求积方法和精度等方面,详查与概查也有许多区别。

3.实地调查与收集资料整理

实地调查就是调查人员直接深入调查地区实地调查了解土地类型、利用情况、土地利用环境条件、土地生产潜力水平等;同时对土地质量的构成因素进行观察、计数、测量取得调查成果。土地利用现状调查的外业调绘、补测,土地质量性状调查的质量性状的野外观测均采用此法。这种调查方法能深入到调查第一线,获得的资料真实、准确,直观性强。因此,在条件允许的情况下,可以采取调查访问、现场观测等实地调查方法。

收集资料整理就是收集所要调查地区的各种专业图件、数字文字资料,如气象、地貌、土壤、水文、植被的资料等,并在室内进行整理、分析,以达到土地调查对资料的需求。在资料充足的调查地区,这是一种既经济又省时省力的好方法。特别是土地质量性状调查,采用这种方法较多。在资料不足的情况下,采用缺啥补啥的办法来弥补缺欠,这也就是土地资源调查中采用的实地调查与收集资料相结合的调查方法。

目前我国开展的土地资源调查,其土地资源的数量方面往往是采用实地调查,而土地质量性状方面,一般采取借用有关部门的现成资料来完成。

二、现代技术的调查

(一)遥感技术的应用

遥感是从空中不同高度不同的传感器平台获取地表各种信息的方法,它分为地面遥感、航空遥感、航天遥感。土地资源是一个具有空间与时间变异的研究对象。遥感的宏观性、多时象性、多波段性等特征为土地资源调查、监测创造了条件。如在一个省范围内,可以以NOAA卫星和陆地卫星的MSS影像为主;一个专业区级范围内,可以以TM影像为主;一个县级范围内,可以TM和SPOT影像为主,这样进行逐级管理。在此基础上,为了取得较为详细的资料,可以利用比它相应详细的、或者是低空红外摄影进行抽样调查,通过这一工作程序就可以不断地更新土地资源信息,加快土地资源调查工作。

1.利用航片结合地形图的调查方法　当前大多数地区都是采用这种方法进行土地利用现状调查的。这种方法是以近期地形图作为工作底图,利用航空像片进行野外调绘和修测、补测,再通过仪器或图解的方法将航片上的调绘内容转绘到相应比例尺的地形图上,整饰成土地利用现状工作底图,然后在工作底图上进行面积量算与汇总,完成调查工作。

2.利用卫片的调查方法　根据卫星遥感所获取的信息,进行土地资源调查。卫片图像借助于光学技术、电子计算机等技术处理后进行土地利用解译,编制草图,经野外、室内反复验证无误后,清绘成图;在清绘的图上进行面积量算,完成调查任务。

(二) 计算机的应用

计算机在土地调查中的应用有以下几方面:一是土地面积量算,如用手扶数字化器或CCD扫描仪,将需求面积的图像数字化,输入计算机,用事先编好的程序对各块面积进行总体平差,比常规方法精度高、速度快。二是进行图像的正射投影改正,可以把航空像片的中心投影转换为正射投影,以消除像点位移,提高制图精度。三是自动制图:如自动绘制土地利用现状图等。四是土地统计与汇总。五是进行土地动态监测的计算。六是数据储存。

土地信息系统是以电子计算机为核心,以土地调查及各种遥感图像、地形图、大地控制网点为信息源,对土地资源进行获取、输入、存贮、处理、统计、分析、评价、输出、传输和应用的大型系统工程。其功能主要有下面几个方面:

一是存贮功能,承担土地资源的收集、获取,经过统一分类和编码,在建立国土三维空间的基础上,实现基础信息数字存贮。二是更新功能,不断利用新获取的有关信息,按一定周期对陈旧的内容进行更新,保持信息的现势性。三是动态分析功能,利用各种遥感信息源,对某个特定地区和环境进行专题要素和综合要素的动态分析,提供其发展规模、发展特征和方向的资料。四是再生功能,除了对系统直接存贮和更新的数据向用户直接服务外,还可在已存数据基础上,根据某些专业需要,完成了派生数据的计算和汇总。五是兼容功能,可对图像、图形、数字、汉字等信息存贮和分析,既可单独显示和输出,又可综合显示和输出,图形和图像还可直接转换。六是自动检索功能,可根据专题信息进行自动检索。七是数据共享功能,可与其他分系统采用统一格式、统一编码,实现数据共享。

思 考 题

1. 简述土地调查的概念?
2. 土地调查有哪些内容?
3. 简述土地调查的方法?

第二章 土地构成要素的调查

土地是由地貌、土壤、岩石、水文、气候和植被等要素组成的自然历史综合体。组成土地的各要素，在一定时间和空间内，相互联系、相互作用、相互依存而组成具有一定结构和功能的有机整体。土地的性质和用途取决于全部构成要素的综合作用，而不取决于任何一个单独的要素。在此，我们对土地构成的主要要素加以讨论，以便对土地的自然综合体的特征有一定认识。

第一节 气候的调查

气候要素是土地的重要组成部分，主要是指地球表面至 10000～12000m 高空以下的对流层的下部，即与地球表面直接产生水、热交换的大气层的平均天气状况。气候影响土地特征主要表现在光、热、水、风向等几个方面。

一、气候因子

（一）光

光是植物进行光合作用、制造植物所需要的有机质的主要能源。光包含的影响因子主要有光照强度（照度）或日照时数、光照长度（日长）、光照质量等。

（二）温度（或称热量）

温度包含的影响因子，主要有界限温度、积温、无霜期限和越冬温度等。

（三）水

水包含的影响因子主要是降雨量、湿润度（或干燥度）等。

（四）风

风包含的影响因子主要有风力、风速和风向等。

二、主要气候因素对土地的影响

（一）太阳辐射

辐射是由太阳发射的电磁短波辐射。太阳辐射到达地球表面后，其中一部分被地球表面吸收转变为热能，地表升温后又不断地向近地面大气层进行长波辐射，使气温升高。

到达地球表面的太阳辐射有两部分，一是太阳光线直接投射到地面上，称为直接辐射；二是在大气中经过散射形成的散射光投向地面，称为散射辐射。两者称之为总辐射，但对土地的影响主要是考虑其直接辐射。

太阳辐射受纬度、海拔高度及云量影响，低纬度区一般略高于高纬度区，高原区高于平原区。我国太阳总辐射量西北高原地区一般为 $586\sim670J/cm^2$，东部平原区为 $502\sim544J/cm^2$，太阳辐射对土地的影响是通过光照和温度来实现的，其中光照因子如下：

1. 光照强度（照度） 光照强度和农作物的生长发育具有密切关系，多数作物对光照强度具有一定的要求，有些作物要求强光照（喜阳作物），有些作物则要求弱光照（耐阴作物）。一般以日照时数表示光照强度。所谓日照时数，是指一年内气象观测记录的实照时数总量。我国各地日照时数的分布存在着很大的差异。各地日照总量约在1200～3400h之内。

2．光照长度（日长）　光照长度是指一个地区从日出到日落之间可得日照的时数，简称日长。日长随季节与纬度不同而变化着。日照长对作物影响较大。根据对日长的要求作物可分为长日照作物与短日照作物。

3．光照质量　光照质量是指太阳辐射中紫外线、可见光和红外线等的比例。光照质量是随纬度地区大气干燥度及其季节而有所改变的。不同的光谱成分对作物生长发育有一定的影响，因此，光照质量也是影响土地生产力的一个因素。

太阳辐射能是植物物质形成的最基本因素，植物总干物质中，有90%～95%是通过光合作用得来的。因此，太阳辐射能的多少和利用率的高低与植物产量关系极大，提高光能的利用率可以提高土地的生产潜力。

（二）温度

温度是对热量的一种表示，热量来源于太阳辐射。植物生长要在一定温度条件下进行，土地利用中的一切生物化学过程主要是由温度决定的，温度是土地利用制约因素，主要通过界限温度、积温、无霜期和越冬温度等影响土地利用程度和利用方向。同时，也正是借用这些指标来衡量土地的生产潜力和土地利用的合理与否。

1．界限温度　界限温度是指作物生长发育要求的温度范围，它分上限、下限和最适温度，如麦类一般下限温度1～5℃，最适温度25～31℃，上限温度31～37℃。对于任何一种作物的生长发育都有自己的界限温度，因此温度的区域变化，往往决定了作物布局，也必然限制土地利用方向。

2．积温　作物的生长发育是在一定温度下开始的，而且是累积了一定的温度总数后完成的，这个一定温度的总和就叫积温。它反映着持续日数和温度强度两个因素。

积温是对某一地区温度条件的一种评价。利用积温条件，可以确定某一地区的作物种植度，是作物种植区划的一个重要指标。通常根据各种农业指标温度：0℃、3℃、5℃、10℃、15℃等来分别计算积温。各地采用的因地有别，常用的是作物生长期≥10℃积温及持续出现的天数。

（三）降水量和干燥度

1．降水量　降水量不仅决定土地的水文条件，同时直接影响地下水的成分、数量与分布等。因此，降水大小是影响土地生产潜力的一个主要因素，它不仅在正常的情况下决定了一个地区土地的利用及其生产潜力，在不正常的情况下可能严重破坏一个地区的生产与人民安全，如干旱、水灾等。降水量一般分次、日、月、年……及平均降水量等表示方法。

2．干燥度（或湿润度）　干燥度是衡量气候因素的水分指标，它是指一地某时段内可能蒸散量与同期降水量的比值，其计算公式为：

$$干燥度 = \frac{蒸发量}{降水量} = \frac{日平均气温 \geq 10℃的积温}{同时期的降水量} \times 0.16$$

干燥度<1为湿润；1～1.29为半湿润；1.3～3.49为半干旱；>3.5时为干旱地区。干燥度的大小是由降水量与蒸发量共同决定的。一个地区降水量的大小是由该地区的气候降水量条件决定的,而蒸发量的大小主要与该地区的光、热、风等气候条件有着密切的关系。因此,干燥度可以综合地反映出一个地区气候类型的特点,也反映了该地区总的土地利用特征。

气候的干湿情况也有用湿润度指标表示的,其计算公式为:

$$湿润度 = \frac{年降水量}{年蒸发量}$$

湿润度>1为湿润地区;0.6~1为半湿润地区;0.3~0.6为半干旱地区;<0.3为干旱地区。

三、气候要素调查

（一）收集当地气象资料

1. 资料收集　根据调查所要求的内容,到调查区气象台站,搜集抄录有关气候要素的观测数据,包括某些要素的等值线图和变化曲线图,以及文字资料。

2. 资料的统计分析　所搜集的气象台站资料有时是原始记录,需自行统计。有时为了与各气象台资料对比,须采用相同年限资料重新统计,然后结合气候调查、小气候观测和推算结果,进行综合分析,总结出调查区的气候特征和规律。

（二）气候现象的野外观测

1. 注意气候现象的区域变异　如山区的垂直带的变异、山体的坡向变异、山谷的逆温现象等。

2. 植物生态环境及其植株形状变异观察　特别是对一些小气候条件的反映,植物的群体和个体的形状最为清楚,植物在某些方面是比较明显的气候要素的指示。

第二节　地貌的调查

地球表层的岩石圈是地质学研究的对象,是地貌形成的基础,是土壤发育的母质来源。岩石圈在地球内外应力的综合作用下,形成的各种各样的地表形态,统称为地貌。地貌对于整个土地综合体而言,控制着地表物质迁移的方面,使区域水热条件再分配,对土壤与植被的分布和土地利用都有一定的规定性。

一、影响土地的地貌限制因子

影响土地的地貌因素主要包括地貌类型、形态特征、海拔高度、坡度、坡向、侵蚀或切割程度等限制因子。

地貌类型、形态特征等因子是研究区域内的水分状况,以及制定土壤改良技术措施和土地利用方向等的基础资料。山区、高原区,海拔高度直接支配着水热条件的垂直分布,决定着土地利用的类型和农业生产的熟制。坡度是侵蚀的潜在危险,它与土壤组成、土层厚度、水侵、风蚀等都有直接联系,同时会影响到机械化、水利化及农业基本建设的投资、土地利用及改造的难易。侵蚀与切割对土地利用影响很大。总之,各种地貌限制因子对土地有不同的限制,其常见的地形特征与相关的土地质量见表2-1。

供土地评价用的地形特征及相关的土地质量　　　　　　表 2-1

地形特征	相关的土地质量
坡度和坡长	耕作的难易、当地的道路、水蚀危害、土木工程因素、可灌溉性
高度	气候预测（温度生长季、降水量）
景观位置（包括坡向）	气候因素（温度状况、风蚀危害、霜冻危害）、耕作难易、水蚀危害、盐渍度或养分有效性、排水、土木工程因素、耕作危害

二、主要地貌因子对土地的影响

（一）海拔高度

海拔高度，也叫绝对高度，由平均海水面起算的地面高程。海拔高度是划分地貌形态类型如平原、高原、丘陵与山地的重要指标。一般说来，平原的海拔高度大多数低于 200m，高原的海拔高度在 1000m 以上，丘陵一般不到 500m，山地则是 500m 以上，500～1000m 的山地称为低山，1000～3500m 为中山，3500～5000m 为高山，高于 5000m 的是极高山。

海拔高度对土地特性的影响，首先是表现在随海拔高度的增加，气温递减，一般说来每升高 100m 下降 0.6℃ 左右；降水在一定的高度范围内，随高度的增加而增多。在高山或极高山地，降水量在一定高度上达到极大值后，又有减少趋势。其次，由于重力作用和水热条件的变化，也会形成一些特殊的地理现象与地理过程，如山地、冰川等，对植被和土壤产生影响。

海拔高度对农业生产的影响主要是随着海拔而变化的生态环境对作物布局与耕作制度有一定的影响。海拔高度升高，积温减少，生长期缩短。海拔高度高的地区与海拔低的地区比较，其作物生长期推迟，成熟晚，在土地利用中，可以利用这种变化，因地制宜布局，延长农产品上市的供应期，发挥其产品短缺期价格高的超额利润效益。

（二）地势起伏

地势起伏，即地表相对高差，随不同地貌类型而有显著差别。平原一般不超过 20m，最大不超过 50m；丘陵一般在 100m 以下，浅切割山地在 100～500m，中等切割山地在 500～1000m，深切割山地在 1000m 以上。盆地类型的划分，主要是以相对高度为依据的，盆心与盆周地形的高差一般在 500m 以上。

地势起伏对于农业生产的影响，主要表现在地表侵蚀程度与农田基本建设条件、灌溉条件、机耕条件等方面。地表起伏越大，坡度越陡，土壤侵蚀作用愈强，水土流失量在一定条件下增多。地表起伏越小，对于农田水利化与机械化越有利。坡度在 8°以下时，适宜机耕；8°～17°时，尚可机耕；超过 17°，则难以机耕。

城镇主要建筑场地都要求地势平坦，排水良好，土方工程量小，以节省开发投资。当坡度超过一定限度，就要采取工程措施，挖土填方、平整场地，修建挡土墙和护坡工程。根据有关资料，城镇土地理想坡度是 0.3%～2%，坡度过小，土地排水不畅；坡度过大，建筑物和交通道路的布置将受到限制。

（三）坡面特征

坡面特征包括坡度、坡向、坡长、坡形、坡位、坡面物质组成等要素，这些要素共同影响着土地的质量特征。坡度和坡长直接影响用地布局和作物结构。如农作物生产地要求地面平整、坡度小；果园与经济林用地，通常以 5°～10°的坡度为宜，主要是因为排水良好，宜于防霜冻；牧地或林地一般坡度大于15°。坡度还直接影响水土的保持。坡形一般可分为凹形坡、凸形坡、平坡、复式坡等；坡向可分为阳坡、阴坡、半阳坡、半阴坡等；而坡位是指坡地上的相对位置，上坡、中坡和下坡等。这些坡面特征对土地的影响主要是通过水热条件和物质的再分配来实现的，如阳坡和阴坡所接受的光、热资源是不一样的，所以阳坡土地的光照、温度条件都比阴坡好，但阳坡土壤比阴坡土壤的蒸发量大、含水量少。坡地还影响物质的分配，在坡地上，细土粒及可溶性物质多由上坡位转移到中坡位或下坡位。而封闭的洼地沉积的细土及可溶性物最多，这样，即使在同一母质基础上发育起来的土壤，在不同的坡位，其坡面物质组成也有很大差别，土壤肥力特征和水平也发生变化。

三、地貌要素的调查

（一）资料搜集

根据调查任务要求，搜集有关调查区地貌的图件和资料。在一定比例尺和等高距的地形图上，根据等高线的疏密程度和图形，区分山地、丘陵、河谷盆地与平原，以及它们的面积比例和高度变幅、山脉走向等；对照航片、卫片建立解译标志，并进行判读分析工作。

（二）外业调查

在野外，观察描述记载地形特征。用仪器测量或凭经验估测山地、丘陵和阶地的相对高度、高度和切割状况、平原的微地形变化等。同时，为概括地形的组合特征绘制断面图，图形的高度和水平距离按大致比例，断面方向应采取直线，并标明方位和断面线通过的山峰、村庄名称，并注明各种地形的地表物质组成或土壤类型。

（三）资料整理和分析

将所搜集到的和上述各种方式取得的资料进行整理，综合分析，总结出调查区地形类型特征及其与土地类型分布的关系。

第三节　地质条件的调查

岩石与沉积物是形成土壤的物质基础，也影响到植物生长和工程性质，是土壤类型的重要构成要素之一。

一、岩石及其类型

矿物在地壳中很少单个存在，通常是以集合体的形态存在于地壳中，这种（一种或多种）矿物的天然集合体就叫作岩石。岩石的种类很多，按其成因可分为岩浆岩、沉积岩和变质岩三大类。

（一）岩浆岩（火成岩）

地球内部的岩浆上升侵入于地壳或喷出地表冷凝而成的岩石叫岩浆岩，一切岩石均是由岩浆岩变来的，因此岩浆岩称为原生岩石。其共同特征是没有层理，有明显的结晶，不含化石。凡侵入于地壳深处冷凝而成的岩石叫深成岩，它的特征是岩石中的矿物颗粒粗大（粒径大于1mm），肉眼可辨。侵入于地壳浅处冷凝而成的岩石叫浅成岩，其特点是矿物颗粒小（粒径0.1~1mm），肉眼难辨。深层岩或浅层岩均是在地壳内部冷凝而成的，故又叫侵入岩。如果岩浆冲出地壳，在地面冷凝而成的叫喷出岩。岩浆岩根据二氧化硅含量不同又可分为酸性岩、中性岩、基性岩和超基性岩。

（二）沉积岩

地表上的岩石，经过各种风化作用而分解破碎，又被风、水、冰川等搬到别处，沉积下来，再经过胶结成岩作用就形成了沉积岩，故属次生岩石。其共同特征是：有明显的层理构造，显示成层现象。它的重量仅占地壳总量的5%，但在地壳分布的面积很广，约占75%。可见沉积岩在形成土壤上具有重要的意义，地表常见的沉积岩有：砾岩、砂岩、页岩、石灰岩。

（三）变质岩

地壳中早先形成的岩石，在地壳运动或岩浆活动中，受到高温高压的影响，或赤热的岩浆和气体相接触，使岩石中的矿物重新结晶，重新排列甚至改变原有化学成分而形成的新岩石叫做变质岩。在高温及缓慢降温的条件下，矿物的结晶变大，产生了粗晶粒结构，这种现象称为重结晶。如石灰岩经过重结晶可以变为大理岩。在高压变质过程中，矿物颗粒由大变小，并可重新定向排列，形成片状或片麻状构造，且较变质前致密、坚硬、不易风化，多见于岩浆岩的接触带上。常见的变质岩有：石英岩、大理岩、板岩、片麻岩、千枚岩等。

二、沉积物

（一）坡积物

坡积物随地形部位而异，坡的下部较厚，可见有叠加层次和埋藏土层。坡积物由于搬运距离短、夹杂的砾石无磨圆度、分选性不明显、亦无层理，但砾石多保持重力倾斜。坡积物通气透水性好，又不受地下水影响，是果林生产的良好基地。

（二）洪积物

洪积物是由洪水搬运堆积而成，颗粒大小悬殊，分选不明显，所夹砾石有一定的磨圆度和层理。洪积物中还常有透镜体存在。较大的洪积扇在水平方向上粒径有分选。顶部粒径大，多为砾石层；中部在一定厚度的表土下为砾石层或砂石层；下部地势平缓，质地较细。上、中部地下水埋藏较深，水质好但易漏水，一般发展果园；下部地下水位高，矿化度增大；扇缘地段地下水可能溢出地表，常形成沼泽化或盐渍化土壤，一般种植水稻。

（三）冲积物

河流冲积物的特点是砾石磨圆度好、分选好，有明显的层理。冲积平原上常见到砂粒交互的层性组合特点。河谷盆地常可见到1m以内下部为残积风化物，冲积物覆盖其上；或上下沉积物物质来源不同（不同的岩石风化物搬运而来）。

（四）湖积物

属静水沉积物，分布于地形低洼的湖盆地。沉积物质地比较黏，下层常可见蓝灰色的潜育层。通常由湖岸至湖心，沉积物粒径由粗变细，有机质含量由少变多。湿润热带、亚热带的湖积物，有机残体丰富；而干旱地形内陆地区的湖积物，往往伴随着盐类沉积；山间盆地的湖积物多含砂石。

（五）风积物

风力所搬运的堆积物。广泛分布于干旱、半干旱地区，形成砂丘、砂垄、砂链、黄土台地等地貌形态。风积物富含碳酸钙，有分选性，堆积层理不水平，可见被覆盖的干植被层。我国黄土及黄土状母质分布广泛，就其堆积时期，有新老黄土之分；从土壤学观点将黄土分为砂质黄土、黄土和黏质黄土三种。

（六）滨海沉积物

其特点是分选作用明显，多有水平层理。在波浪的分选作用下，粗粒物质被向上推移，形成海岸堤，细粒物质向下移动，形成水下台地。

（七）冰川堆积物

形成冰积扇、冰水平原和蛇形丘。堆积物多角砾、漂砾和泥砂，胶粒含量特少，无分选性，除冰水沉积物外也无水平层理。

三、主要岩石对土地的影响

不同岩石的矿物成分、结构、构造决定其硬度、稳定性和矿质养分含量，从而造成风化程度的差异，形成地表的不同地貌状况和土壤肥力特征，对土地产生影响。

（一）花岗岩

在植物覆盖差、物理风化为主的情况下，花岗岩最易发生崩解，这与它的粒状结构及矿物复杂有关。花岗岩内含石英及长石等抗风化力强的矿物多，所以风化后性状变化不很显著，只是崩解为散碎砂粒。

在湿热的气候条件下，花岗岩中石英保留为粗的砂粒，而长石等则经化学风化而成为黏粒，会形成砂中带黏的风化物，这种风化物的质地，对农耕来说，还是比较适合的。

花岗岩形成的土壤，层次多半深厚，又有长石风化后供给的钾素，稍加培育后，肥力尚佳。但在沙性过强，遭受侵蚀的地方，便十分贫瘠。

我国华南气候炎热潮湿，化学风化作用比较强烈，又由于花岗岩容易散碎崩解，常有球状风化现象，所以常可见到圆滑的山脊及夹有大小"石蛋"的地形；但北方各地，化学风化较弱，在某些节理发达的花岗岩区，就多为险峻的山峰。

（二）玄武岩

深色，易于吸热，同时几种深色矿物易受化学风化，所以玄武岩容易风化，其风化物质地多黏细。但由于含不易风化的磁铁矿，所以其黏重程度稍次于一般石灰岩的风化物。玄武岩上形成的土壤，在南方常呈暗棕或棕红色，含盐基丰富，矿质营养较多。

（三）页岩

多半硬度低、松软、风化迅速，形成的地形比较平缓，因而风化层比较深厚、风化物一般质地黏重，矿质营养较丰富，保水力强，易形成比较肥沃的土壤。我国四川省自古号称"天府之国"，物产丰富，就是与广泛分布着含水矿质养分丰富的中生代紫色页岩有密切关系。某些均一致密或稍经变质的页岩，较坚硬，风化慢，使地面产生许多破碎的岩块，不利耕作，肥力较差。我国北方有些地方，雨量少，温差大，物理风化作用占主导地位，页岩地区地面只有散碎的岩块，也形成肥力很低的土壤。

（四）砂岩

因为构成砂岩的矿物主要是石英，抗风化力强，所以，砂岩的风化物与原来的岩石性质比较接近，含砂量较高，松散，易于透水。砂岩的风化情况与胶结物的关系很大，泥质或碳酸钙胶结的砂岩，风化快，能生成较厚的风化层次，松散而无大块；由硅质或铁质胶结的岩石，则风化难，风化层薄，常有大岩块夹杂。

含石英多的砂岩，形成的土壤，质地砂，养分含量少，肥力较低。有些砂岩石、云母或其他矿物较多，风化后仍可形成较好的土壤。

（五）石灰岩

主要成分是碳酸钙，在湿润气候条件下，风化作用下以溶解为主。风化产物多是质地黏细，含钙质丰富，酸性较弱。地面的残积物层与下面基层之间，没有过渡半风化层，界线十分清楚，经常是基岩裸露，土层浅薄，植物不易生长。

灰岩风化层下面常有地下水造成的溶洞与起伏不平的基岩面，造成土层厚度多变；同时，因水分自溶洞中漏失，使土地干旱，不利农耕；但在石灰岩地区地势较低的地方，因水分充足，风化物内含盐基丰富，土壤的保蓄力强，可以出现相当肥沃的土壤。

（六）石英岩

石英岩坚硬致密，风化最为困难，常会突出成为较高的山峰，风化时以机械破碎为主，沿着节理形成陡峭的山坡。地面的大石块多，风化层薄，含有大小不一的带棱碎石。石英岩上形成的土壤，含养分少，酸性强，质地粗，保蓄力不强，大多肥力不高。

（七）片岩

片岩质地不很坚硬，又易成片脱落，使风化作用容易进行，风化层次尚厚，一般风化产物内部夹有岩石碎片，如岩石碎块过多，对农作物生长不利。片岩地区经侵蚀作用后，常易形成梳状地形。它的特征是在山坡上或山岭的地表凸起一排排由片岩岩层所成的梳状型山脊。

片岩因原来矿物成分不同，使风化物内所含的养料与质地状况有很大差异，例如，角闪石片岩、云母片岩形成的土壤较肥，而石英片岩所成的土壤则较瘦。

四、地质条件调查

搜集调查区不同比例尺的地质、地貌和第四纪地质图及相应的资料，同时还收集地质钻孔和打井的资料，以了解调查区岩性、成土母质和风化壳类型。在此基础上，进行土地类型调查制图时，有必要到野外实地绘制相应的断面图以表述不同岩石类型和沉积物的空间分布规律。同时要记载特殊土宜植（作）物与岩石类型或沉积物类型的关系。

第四节　水文条件的调查

水是土地的重要组成要素，是植物光合作用的基本原料，是人类生产与生活中不可缺少的物质。水文是指自然界中各种水体运动和变化的现象。从土地概念本身来讲，水文只包括陆地上的水域、沿海滩涂和浅层地下水。

一、影响土地的水文限制因子

水文条件包括数量与质量两个方面的内容，因此，影响土地的水文限制因子也可分为数量与质量两个方面。

（一）水资源数量

水资源数量的多少反映了一个地区水资源的丰缺状况，对该区土地的生产潜力影响很大。水资源数量可用水资源的总量、人均占有量、亩均占有量等表示。与水资源数量有关的水文因子主要包括：河流的水位、流量及季节性变化；湖泊、水库的水位、贮量，地下水位、地下水总储量、目前的利用率等。在土地评价的具体工作中，这些水文因子往往过于笼统，难以定量化，我们可选择与实际工作有关的因子来代替这些因子进行评价。如保证灌溉面积，可反映出一个地区的水资源的数量及利用情况。在地下水位较高的低洼地区，可以根据土壤的渗排能力进行分级，如过量的排水、良好的排水、不完全排水、极不良的排水等，从而对土地质量进行等级评价。而洪水和渍涝对作物也是一大威胁，特别在我国季风气候条件下，表现十分明显，可根据洪水发生频率及淹没情况（与地形、洪水水位有关系）和渍涝情况进行分级。

（二）水资源质量

水资源质量也是影响土地资源的重要水文限制因子。一个地区，如果水资源数量富裕，但水质欠佳或水体遭受严重污染，则严重影响水资源开发利用。在地表水体中，我国根据工业、农业、渔业、生活等对水质的不同要求，相继颁布了各项水质标准。在土地评价时，可从中选择对土地质量影响较大的项目进行等级评定。在地下水中，水质主要是指潜水矿化的高低，它不仅与土壤的盐渍化及作物的生长有密切关系，而且影响水资源的用途（表2-2）。

潜水矿化度分级应用指标　　　　　　　　表2-2

分级	指标	含盐量（g/L）	水质应用
淡水		<1	可以饮用及灌溉
微淡水		1～3	可勉强饮用，勉强阶段性灌溉
咸水		3～10	不宜农用
盐水		10～50	不宜农用，可作工业用
卤水		>50	不宜农用，可作工业用

二、水文条件对土地的影响

（一）水文条件对农业土地利用的作用

降水到达陆地表面沿地表流动或蓄积起来的水称为地表径流，其汇聚江、河、湖、沼，是人类生产生活用水的主要来源，故亦称地表水资源。降水到达陆地表面沿土壤或岩石裂隙渗漏，埋藏于地下，称之为地下水，它亦是人类生产生活用水的重要来源，对岩溶地区和干旱地区尤为重要，故也称为地下水资源。

地表径流的多少、分布及其季节变化同农业生产的关系非常密切。在降水稀少的季节和地区，农业生产需要从河川取得补充水源用于灌溉。在降水集中季节，也总是径流最大时期，暴雨和洪水同时俱来，往往会引起严重洪涝灾害。为了改变河川径流在地区分布与时间分布上的不均匀性，就需要采取一系列蓄水、引水和提水工程措施。地下水对农业的影响主要从水量、水质和埋深几个方面来进行评价，它直接决定着地下水供给的保证率、使用范围与开发成本，一般说来，水量愈丰富，供水保证率越高；农田灌溉用水水温不超过35℃，pH值5.5～8.5，含盐量不超过1500mg/L，有毒微量元素或化合物少。

（二）水文条件对城市土地利用的影响

水文要素对城市土地利用的具体影响和作用，主要反映在城市分布位置、用地布置、市政工程建设以及环境景观、地基稳定性等方面。地表水的主要作用与影响包括：

1．河川湖海等地表水体的分布，是城市形成发展的基本条件，沿河设城是古代城址选择的通例。近代水运，特别是海运对城市形成发展有重要的作用，对耗水工业具有不可替代的吸引力，近江、沿海、沿江建城市，在很多情况下，仍然是首选目标。

2．城市规划布局要求考虑水污染的危害、环境保护，一般有污染水的工业企业、污水处理设施以有排污管道出口等，均应布置在河流下游；反之，居住用地、水源地则应安排在上游部位。水质不好、浑蚀度、细菌量都是限制地表水作为饮用水的因素，硬度较大的水不宜直接作为工业用水。

3．河流的供水状况对沿河城市规划建设有重大影响，按一般要求，百年一遇洪水位以上0.5～1m的地段，才可作为城市建设用地；反之，常有洪水威胁的地段，则不宜作为城市建设用地，如必须利用，则应根据土地使用性质的要求和不同的防洪水设计标准，采取可靠防洪措施，修筑坚固堤防。

三、水资源调查

（一）搜集资料

搜集水文和水文地质资料，包括：地表水的水位、流速、流量、季节变化、水质、地下水出现的深度、流动的方向、矿化度和水化学类型等。大的河流和湖泊、水库可直接在地形图上量测其面积。

（二）实地调查

1．调查河流、湖泊的大小和深度、水位、流量及季节性变化，分析其与地下水相互补给状况。2．调查饮用水井和灌溉水井水位及季节性变化幅度与地下水、地表水补给关系，以及对土壤水分和土壤盐渍化、潜育化的影响。3．调查水库数量、容量、引水、提水和排水工程的规模，灌排系统的完善程度和渗漏状况，以及灌排能力（如保证灌溉面积）。4．采集地下水，必要时还要采集地表水，测定其化学组成，以研究其与土壤盐渍化和作物生长的关系。

（三）水资源量分析

水资源量对地区土地生产潜力的影响较大，需在全面调查的基础上对该地区的各种水资源的总量、人均占有量、目前的利用率和潜在的开采量、水资源的质量等进行分析。

第五节 土壤的调查

土壤是陆地上能生长植物的疏松表层。土地具有肥力，其中土壤肥力是核心。各类土壤具有各自特有的剖面结构和诊断层次，表现出不同的物理和化学性状，其理化性质影响肥力，是土地生产力的决定因素之一，在一定程度上反映出土地的综合特征。

一、影响土地生产力的土壤限制因子

土壤肥力的高低直接影响土地生产力水平，影响土壤肥力的土壤特征都影响土地生产力。衡量土壤肥力的高低主要反映在三个方面：一是土壤供肥、保肥的能力；一是土壤热量、空气的状况；一是土壤的耕性，即水、肥、气、热。土壤诸属性中，能影响这些方面的因子，主要是：土壤类型、土壤有机质和矿物质的质和量、土层厚度、土壤质地和结构、土壤酸碱性、土壤胶体、土壤水分和盐分等。

二、主要土壤特性对土地质量的影响

（一）土壤类型

土壤是五大自然成土因素综合作用的产物。由于自然成土因素在空间上是不断变化的，不同区域的土壤，形成因素和形成过程也是不同的，因此，土壤在空间的分布上便显现出多种多样的土壤类型。不同的土壤类型，具有不同的土体的构型、内在性质和肥力水平，它们对土地质量的影响反映在质和量两个方面。质的方面主要表现为土壤对发展农业、林业、牧业生产的适宜性和限制性。如适种作物的种类和品质，草地饲草的组成、营

养价值、适口性以及饲养牲畜的种类，适宜树种和材质，以及影响劳动生产率、生产费用、土壤利用改良的难易程度等；量的方面主要表现在作物、饲草、树木的单位面积产量上。因此，土壤类型综合反映了土壤属性和土壤肥力，是土地开发利用的基准和依据，影响土地利用方向，往往构成土地利用改良措施的差别。

（二）土层厚度

土层厚度是指植物系能够自由伸展的土壤深度，在实际土体中是指植物能利用的土壤母质层以上（若有障碍层，则指障碍层以上）的土层厚度。如果土层薄，那么既影响植物根系的生长发育，又不利于开垦利用，同时还易引起水土流失，降低或丧失土地的生产能力。土层厚度往往与障碍土层深度有密切关系。障碍层是指植物根系不能下扎或水分不能下淋的土层，它们通常是铁盘层、石灰盘层、黏盘层、潜育层、白浆层和砾石层等。这些层次的存在，严重影响了土体的水、肥、气、热动态关系，从而导致作物生长不良。因此，障碍层出现的深度也是影响土地质量的一个重要限制因素。在农业生产中，各种作物对土层厚度都有一定的限制范围，因此，土层厚度不仅决定土地的利用方向，而且决定其生产力。

（三）土壤质地

土壤质地是指土壤中不同大小颗粒的组合比例。土壤质地主要反映土壤的砂黏程度，它是土壤最基本的性状之一。土壤质地常常是土壤通气、透水、保水、保肥、供肥、导温和耕性等的决定性因素，直接影响土壤肥力，与作物生长有密切的关系。

土壤质地通常分为砂土、壤土和黏土等类型。不同的作物对土壤质地有不同的要求。如需肥较多的禾谷类作物宜于在黏壤土到黏土中生长，种在砂土到砂壤土上的根茎类作物（如马铃薯、甘薯等）产量较高，蔬菜则要求排水良好、土质疏松的砂壤土到壤土。因此，在土地利用时，应根据不同质地的土壤特性选种适宜的作物，以用其所长。

土壤质地还影响土地的管理与保护。如砂土保水保肥力弱，故应及时灌溉，以抗旱保墒；因通透性好，整地时可宽垄低畦，播种后要镇压接墒。在飞砂土地区，还应采取综合治理措施，植树造林，防风固沙。黏土通透性差，整地时要窄垄高畦、深沟，以利于排水、通气、增温。黏土耕性较差，适耕期短，应注意掌握耕作时期，提高耕作质量。对低洼排水不良的田块，应特别注意采取通气措施，防止还原性有毒物质对作物的伤害。

（四）土壤酸碱度

土壤酸碱度通常用土壤溶液的 pH 值来表示。土壤 pH 值在 6.5～7.5 之间代表中性；pH 值小于 6.5 为酸性，数值越小，酸性越强；pH 大于 7.5 为碱性，数值越大，碱性越强。土壤酸碱性是影响土壤肥力的重要因素。不同作物对土壤酸碱性都有一定的要求，一般作物在近中性土壤上都能正常发育。过酸或过碱都会影响作物的生长，严重时甚至整个植株死亡。土壤酸碱都会影响养分的有效性，从而直接影响作物的生长发育。土壤微生物对土壤酸碱性也有一个适应的范围，过酸或过碱都不利于有益微生物的活动，不利于土壤中养分的转化。土壤酸碱性还会对土壤性质产生影响。在碱性土中，交换性钠多，土粒分散，结构被破坏；在酸性土中，黏土矿物易被分解，养分淋失多，结构也遭破坏。因此，土壤酸碱度是影响土地质量的一个比较重要的限制因素，在土地开发利用时必须对过酸过碱的土壤加以改良。

（五）土壤盐碱化程度

土壤盐碱化程度是指土壤表层20～30cm以内的含盐总量。土壤盐碱化程度是影响盐碱化地区土地质量的一个重要限制因素。盐碱化程度高，直接影响作物吸收水分和养分，过量的氯离子和钠离子存在还会对作物直接产生毒害作用，造成"生理灼伤"现象。受盐分影响，土壤肥力低下，理化性质不良，存在着"盐"、"渍"、"板"、"死"、"瘦"等低产原因，影响农业生产。土壤盐碱化程度不仅对土壤肥力、农作物的生长及农业生产有极为重要的影响，而且对土地的利用和改良有严重的制约作用。土地盐碱化程度的划分，一般是含盐量小于0.3%为无盐碱化和轻度盐碱化；0.3%～0.5%为中度盐碱化；0.5%～1%为强度盐碱化；大于1%为极强度盐碱化或称盐碱化或盐碱滩。

另外，土壤结构、土壤养分和土壤水分等限制因子也对土地质量产生一定影响。

三、土壤调查

土壤是土地属性的主体部分，直接影响的土地的利用开发。具体的调查方法是：

（一）收集资料

全国经过了第二次土壤普查，各地均有不少土壤资料，其中包括：不同比例尺的土壤图（县级一般为1：25000～1：50000）、土壤志，以及土壤理化性状的化学、物理分析数据。必须对这些资料进行分析、研究，使对调查区的土壤情况有一个初步的、全面的了解。

（二）外业调查

必要时进行一些野外补充调查，以便更深入地了解；如果是由于土地利用、土壤改良等措施，使土壤性状产生明显的变化时，就一定要做一些补充性的外业调查。

1. 土壤剖面的挖掘与观察　选一些有代表性的地点，按土壤调查的要求挖掘一些主要剖面，了解土层厚度、土壤剖面层次、不同层次的厚度、土壤质地、颜色、结构、松紧、新生体等土壤性状，而且要了解不同土壤分布的环境条件，如地形、海拔、土壤侵蚀、排水条件和土地利用等，以修正原有的土壤分类及土壤图等。

2. 野外访问　访问农民，了解该土壤利用上的特点、肥力水平以及需要改良的性质，特别是对一些当地的特优产品的土壤条件，要加以详细访问、观测与研究。

3. 取样分析　了解某些土壤的肥力性状、有害物质，必要时，应按土壤分析的要求取样，以便带回土壤化验室进行物理或化学分析。

（三）土壤评价分析

在了解分析已有资料和进行野外补充调查的基础上，应当对调查区的土壤，针对当地的土地利用特点进行适宜性分析与评价，以便对调查区的土地评价提供出土壤学方面的数据。

第六节　植被的调查

植被是指一定地区内植物群落的总体，它包括森林、草地及农田栽培作物。植被中各种植物通过光合作用将地表上的光能及无机物质转化成化学能贮存在所制造的有机物中，变成可供动物和人类可以食用和利用的产品，是土地生产力的代表。各种植物在生长发育过程中，同自然环境或土地的其他构成因素相互作用，不断发生生物质与能量交替，是土地生态系统中最活跃的因素之一，对生态平衡有着重大的影响。

一、影响土地的植被因子

影响土地的植被因子包括植被类型、构成、有用植物的质量、数量和年产量、植被覆盖度,以及植被的保护和利用改造的条件等。

植被的类型不同,土地的生产能力也不尽相同。森林可提供木材和林副产品,草原能供应牧草等。不同种类的植物对土地的其他组成要素产生的影响也存在着差别。如木本植物和草本植物不仅有机残体数量和组成成分不同,而且木本植物和草本植物由于根系的大小、分布密度和下扎深度不同,对土壤的透水性、通气性、结构性影响也不同。

植被的覆盖度的大小决定着植物对土地质量影响的强弱。植被在阻止土壤侵蚀中是起积极作用的自然因素,森林和草地可保持水土,防止土壤侵蚀,而裸露的或植被稀少的土地抗土壤侵蚀性差,不利于水土的保持和土地资源的保护。这与植被覆盖度有着密切关系。

植被是由许多不同种属的植物相互组合在一起的。植物群落中,植物种属并不是均匀分布的。因此,植被的构成,有用植物的质量、数量和年产量,不仅决定了土地的利用方向,而且对土地的生产潜力构成影响。

二、植被对土地的影响

植被作为土地的重要组成部分,以其自然特性对土地起着保护作用,主要表现为:

1. 保持水土 造成水土流失的主要原因是地表裸露。地表有森林覆盖,降雨时,通过树冠截留,枯枝落叶层和其他植被物对地面的保护,就能大大削弱雨水对地面的溅击侵蚀,提高地表的吸水和透水性能,使大部分降水缓缓渗入地下,减少或控制地面径流;加之林木发达的根系对土壤的紧缚作用,从而发挥森林涵养水源和保持水土的效益。据有关资料介绍:有林地区,树冠可以截留大约15%~40%的降雨,使50%~80%的降雨渗入地下,林地内的地面径流一般在1%左右。

2. 调节气候 植物在调节气候方面也起着积极的作用,主要有:(1)调节气温。林地内的气温冬暖夏凉,在高温季节温度比非林地要低3~5℃;在冬季,有林的地方能降低风速使温度提高。(2)调节湿度,促进降水。一般情况下,林内空气湿度较空旷地高7%~14%;林区降水量比无林地区明显增多,降水量的分配也较均匀。(3)调节风速。森林有减低风速的作用,一般能减低风速20%以上。

3. 保护农田 植物可减少风、砂、水、旱等灾害,防止水土流失,保护农田。在沙漠地带营造防护林,可以减少沙土飞扬,防止沙丘侵蚀,使沙土固定,保护农田。在水土流失严重的地区,注意封山育林和绿化造林,对防止水土流失,减少水旱灾害有显著作用。在常遭台风、强风袭击的沿海一带,营造防风林可减轻台风、强风的危害。由于林带的存在而降低风速,可减弱水分蒸发,增加土壤湿度,增加积雪,减弱土壤的风蚀,减弱空气湿度的变化等。这就改善了被防护范围内综合的环境条件,大大有利于农业生产。

4. 防治环境污染 植物能改善环境,对防止污染、保护环境起着积极的作用。植物可以净化空气,主要是:(1)通过光合作用吸收二氧化碳,释放出氧气,所以植物是制造氧气的工厂。(2)植物可以吸收大气中的有害气体,如二氧化硫、氯气、氟化氢等。(3)植物可以吸收放射性物质,在一定程度上减少放射性污染的危害。(4)植物可以吸收大气中的粉尘,减少其含量和危害。(5)某些植物具有杀菌的能力。

另外,植物对减弱噪音有一定的作用。

三、植被要素的调查

（一）自然植被的调查

主要是了解调查区内植被群落的概貌，找出能反映该区特点的优势群落，并选择不同的地形部位、水文地质条件和土壤类型上的植物群落，详细观测记载。

（二）人工植被

主要是指农作物、森林及人工草地，了解作物的品种、时间、密度、生长状况及管理情况。

（三）特种土宜植物调查

有些植物（作物）在一定地区生长状况良好，产量和品质均优，是"特产"。要注意调查这些植物的立地条件和植物-土地的相关性，以发展地方"特产"优势。

思 考 题

1. 气候因素对土地生产力的影响？
2. 海拔高度、地势起伏对农业生产的影响？
3. 岩石的种类？主要沉积物有哪些？
4. 水文对土地利用的作用有哪些方面？
5. 主要土壤特点对土地质量有何影响？
6. 植被在土地保护中的作用？

第三章 土地利用现状调查

土地利用现状调查是为查清土地的利用现状而进行的全面的土地资源普查,其重点是按土地利用分类,查清各类用地数量、分布、利用及权属状况等。土地利用现状调查是土地资源调查中最为基础的调查。我国很长一段时期内的土地资源家底不清,主要地类面积缺乏可靠数据,因而土地利用现状调查对于我国土地资源实行科学管理具有重要的作用。

第一节 土地利用现状调查概述

一、土地利用现状调查的目的和意义

(一)土地利用现状调查的目的

1. 为制定国民经济发展计划和有关政策服务。土地利用现状调查获得的准确的土地信息资料可为编制国民经济和社会发展长远规划、中期计划和年度计划提供切实可靠的科学依据,同时,它还可以为国家制定各项大政方针及对重大问题的决策提供服务。

2. 为农业生产提供科学依据。农业是最大的用地大户,且是国民经济的基础,土地在农业中又是最基本的生产资料。土地利用现状调查,为区划及规划部门编制农业区划、土地利用规划和农业生产规划提供土地基础数据,为各级领导部门因地制宜地领导和组织农业生产、合理安排农业生产布局和调整农业生产结构提供科学依据;土地利用现状调查的数据和图件资料,还直接为农业生产单位制定生产计划、组织田间生产管理、农田基本建设等服务。

3. 为建立土地登记、土地统计制度服务。通过土地利用现状调查,查清村,农、林、牧渔场,居民点外的厂矿、部队、学校等基层单位的权属性质,权属界线及面积和各地类面积,为初始土地登记、土地统计创造前提条件。并通过变更登记,及时更新土地权属资料,为维护和巩固社会主义土地公有制服务。通过经常土地统计,定期更新土地数据,为国家和经济部门提供最新的土地统计资料,从而为建立土地登记、统计制度服务。

4. 为编制利用规划和全面管理土地服务。为合理组织土地利用,就要编制各级土地利用规划,而各级土地利用规划需要土地利用现状调查提供基本土地信息。同时土地利用现状调查还为全面管好用好土地服务,为地籍管理、土地利用管理、土地权属管理、建设用地管理等提供最基础的土地数据及其信息。

(二)土地利用现状调查的意义

1. 土地利用现状调查的土地利用类型和数量资料,为国家和各地区编制国民经济发展计划和制定有关的方针政策提供土地方面的依据。

2. 通过土地利用现状调查,使人们明确土地利用现状和分布状况,并认识土地利用与自然条件和社会经济因素的关系,能够充分合理地利用土地资源,使土地资源做到最佳配置，就能获得最好的经济、生态和社会效益。

3. 土地利用现状的数据和图件，指导人们做好土地规划，协调各部门的用地关系，解决土地供需矛盾，特别有利于对耕地的保护。

4. 土地利用现状的权属和分幅土地权属界线图，解决了我国长期以来权属不清的问题，理顺了土地权属的关系，有利于搞好土地的登记、发证工作。

5. 土地利用现状调查有利于农业区划，有利于调整作物布局，因地制宜地指导农业生产，合理开发利用农业用地。

6. 土地利用的现状分析，指出本地区土地利用的经验和存在的问题，能够指导今后土地的合理利用和土地的科学管理，提高土地生产率。

二、土地利用现状调查任务和内容

（一）土地利用现状调查的任务

土地利用现状调查的主要任务就是通过土地利用现状调查，基本摸清土地的数量及其分布状况，了解土地利用中的经验及问题，并提出合理利用土地的意见。具体调查成果有各类土地面积和土地总面积量算表、土地利用现状图和土地利用现状调查报告。

（二）土地利用现状调查的内容

1. 查清各土地权属单位之间的土地权属界线和各级行政辖区范围界线。
2. 查清土地利用类型及分布，并量算出各类土地面积。
3. 按土地权属单位及行政辖区范围汇总出土地总面积和各类土地面积。
4. 编制县、乡两级土地利用现状图和分幅土地权属界线图。
6. 调查和分析土地权属争议，总结土地利用的经验和教训，提出合理利用土地的意见。

第二节　土地利用现状分类

一、土地利用现状分类的概念

分类是人类认识事物的一个普遍方法，也可以说是人类认识万端事物的一种手段。通过分类进行比较，从而找到事物间的差异，便于总结其规律，认清事物间的共性和个性；便于分类统计、分类研究和分类指导。

土地由于其组成、所处环境和地域的不同，因此，它们在形态、色泽和肥力等方面也千差万别，加之人类生活、生产对土地施加的影响和需求，因而导致了土地生产能力和利用方式上的差异。按土地的分类标志，将性质上相差异的土地划分为若干类，就是土地分类。

我国《土地利用现状调查技术规程》中所采用的是土地利用现状分类，即根据土地用途、利用方式的现状进行的土地分类，用以反映土地利用现状和研究土地利用问题。但它不能代替土地适宜性分类和土地利用规划，也不能据此划分部门管理范围。

二、土地利用现状分类的原则

为使土地利用现状分类科学、合理，易于掌握，并有利于土地的合理利用和科学管理，在进行土地利用现状分类时，遵循以下原则：

（一）保持统一性

《土地利用现状调查技术规程》对土地利用现状分类及含义作了明确规定，全国统一定为8个一级地类，46个二级地类及其编码，均不得随意更改、增删、合并。这样有利于全国的统一管理和地区间土地利用的比较分析。

（二）讲究科学性

全国土地利用现状分类体系，主要以调查时的实际用途为分类标志，归纳共同性，区分差异性，采用从大到小，从高级到低级，从一般到特殊的等级层次，层次之间有明确的从属和逻辑关系，统一编码且不重复，便于资料整理和建立全国统一的土地数据库，实行科学管理。

（三）体现地域性

我国幅员辽阔，南北差异很大，全国的统一分类不可能完全反映各地的特殊性地类。各省、市、自治区的土地利用现状分类，在保持统一性的前提下，对其分类可以有所增减，以反映不同地区的不同土地利用特点。

（四）考虑实用性

为了便于实际运用，土地分类应简单明了，标志易于掌握，含义力求准确，层次尽量减少，命名通俗易懂。另外，土地利用现状分类要尽可能与计划、统计部门和有关生产部门使用的分类名称及含义协调一致，以利于为多部门服务。

三、我国土地利用现状分类体系

1984年全国农业区划委员会颁发了《土地利用现状调查技术规程》和全国农业区划委员会土地资源专业组1987年2月对上述《土地利用现状调查技术规程》的补充规定，全国土地利用现状分类系统采用两级分类，统一编码排列。第一级按照国民经济部门用地构成，划为8个类型；第二级按照土地利用条件和方式，划分为46个类型。具体分类的名称及含义如下：

1．耕地　指种植农作物的土地。包括熟地、新开荒地、休闲地、轮歇地、草田轮作地；以种植农作物为主，间有零星果树，桑树或其他树木的土地；耕种三年以上的滩地和海涂。耕地中包括南方宽<1.0m，北方宽<2.0m的沟、渠、路和田埂。

耕地划分为下列5个二级地类：

1.1　灌溉水田　指有水源保证和灌溉设施，在一般年景能正常灌溉，用于种植水稻、莲藕、席草等水生作物的耕地，包括无灌溉设施的水旱轮作地。

1.2　望天田　指无灌溉工程设施，主要依靠天然降雨，用以种植水稻、莲藕、席草等水生作物的耕地，包括无灌溉设施的水旱轮作地。

1.3　水浇地　指水田、菜地以外，有水源保证和固定灌溉设施，在一般年景能保浇一次水以上的耕地。

1.4　旱地　指无灌溉设施，靠天然降水生长作物的耕地，包括没有固定灌溉设施，仅靠引洪淤灌的耕地。

1.5　菜地　指种植蔬菜为主的耕地，包括温室、塑料大棚用地。

2．园地　指种植以采集果、叶、根茎等为主的集约经营的多年生木本和草本作物，覆盖度大于50%，或每亩株数大于合理株数70%的土地，包括果树苗圃等用地。

园地又分为以下5个二级地类：

2.1　果园　指种植果树的园地。

2.2 桑园 指种植桑树的园地。

2.3 茶园 指种植茶树的园地。

2.4 橡胶园 指种植橡胶树的园地。

2.5 其他园地 指种植可可、咖啡、油棕、胡椒等其他多年生作物的园地。

3. 林地 指生长乔木、竹类、灌木、沿海红树林的土地。不包括居民绿化用地，以及铁路、公路、河流、沟渠的护路、护岸林。

林地划分为下列6个二级地类：

3.1 有林地 指树木郁闭度＞30%的天然、人工林地。

3.2 灌木林地 指覆盖度＞40%的灌木林地。

3.3 疏林地 指树木郁闭度为10%～30%的疏林地。

3.4 未成林造林地 指造林成活率大于或等于合理造林株数的41%，尚未郁闭但有成林希望的新造林地（一般指造林后不满3～5年或飞机播种后不满5～7年的造林地）。

3.5 迹地 指森林采伐、火烧后，5年内未更新的土地。

3.6 苗圃 指固定的林木育苗地。

4. 牧草地 指生长草本植物为主，用于畜牧业的土地。草木植被覆盖度一般在15%以上，干旱地区在5%以上，树木郁闭度在10%以下，用于牧业的均划为牧草地，包括以牧为主的疏林、灌木草地。

牧草地又分为以下3个二级地类：

4.1 天然草地 指以天然草本植物为主，未经改良，用于放牧或割草的草地，包括以牧为主的疏林、灌木草地。

4.2 改良草地 指采用灌溉、排水、施肥、松耙、补植等措施进行改良的草地。

4.3 人工草地 指人工种植牧草的草地，包括人工培植用于牧业的灌木。

5. 居民点及工矿用地 指城乡居民点和独立于居民点以外的工矿、国防、名胜古迹等企事业单位用地，包括其内部交通、绿化用地。

它又分为以下5个二级地类：

5.1 城镇 指市、镇建制的居民点，不包括市、镇范围内用于农、林、牧、渔业的生产用地。

5.2 农村居民点 指镇以下的居民点用地。

5.3 独立工矿用地 指居民点以外独立的各种工矿企业、采石场、砖瓦窑、仓库及其他企事业单位的建设用地，不包括阶段性用于工矿、企事业单位的农副业生产基地。

5.4 盐田 指以经营盐业为目的，包括盐场及附属设施用地。

5.5 特殊用地 指居民点以外的国防、名胜古迹、公墓、陵园等范围内的建设用地，其他用地应按规程分别归入相应地类。

6. 交通用地 指居民点以外的各种道路（包括护路林）及其阶段性设施和民用机场用地。

交通用地包括以下5个二级地类：

6.1 铁路 指铁道线路及站场用地，包括路堤、路堑、道沟、取土坑及护路林。

6.2 公路 指国家和地方公路，包括路堤、路堑、道沟和护路林。

6.3 农村道路 指农村南方宽≥1.0m，北方宽≥2.0m的道路。

6.4 民用机场 指民用机场及其附属设施用地。

6.5 港口、码头 指专供客、货运船泊停靠的场所，包括海运、河运及其附属建筑物，不包括常水位以下部分。

7. 水域 指陆地水域和水利设施用地，不包括滞洪区和垦殖三年以上的滩地、海涂中的耕地、林地、居民点、道路等。

水域又分9个二级地类：

7.1 河流水面 指天然形成或人工开挖河流常水位岸线以下的面积。

7.2 湖泊水面 指天然形成的积水区常水位岸线以下的面积。

7.3 水库水面 指人工修建总库容≥10万 m^3，正常蓄水位岸线以下的面积。

7.4 坑塘水面 指天然形成或人工开挖蓄水量＜10万 m^3，常水位岸线以下的蓄水面积。

7.5 苇地 指生长芦苇的土地，包括滩涂上的苇地。

7.6 滩涂 指沿海大潮高潮位与低潮位之间的潮浸地带，河流湖泊常水位至洪水位间的滩地，时令湖、河洪水位以下的滩地，水库、坑塘的正常蓄水位与最大洪水位间的面积。常水位线一般按地形图，不另行调绘。

7.7 沟渠 指人工修建、用于排灌的沟渠，包括渠槽、渠堤、取土坑、护堤林。指南方宽≥1m、北方宽≥2m的沟渠。

7.8 水工建筑物 指人工修建，用于除害兴利的闸、坝、堤路林、水电厂房、扬水站等常水位岸线以上的建筑物。

7.9 冰川及永久积雪 指表层被冰雪常年覆盖的土地。

关于常水位岸线的确定方法可通过调查经常出现的水位来确定，也可直接从岸线植被、波浪冲击岸边形成的较稳定的岸线来确定，也可依据航片或地形图确定水面边线。

8. 未利用土地 指目前还未利用的土地，包括难利用的土地。

它又分为以下8个二级地类：

8.1 荒草地 指树木郁闭度＜10％，表层为土质，生长杂草的土地，不包括盐碱地、沼泽地和裸土地。

8.2 盐碱地 指表层盐碱聚集，只生长天然耐盐植物的土地。

8.3 沼泽地 指经常积水或渍水，一般生长湿生植物的土地。

8.4 沙地 指表层为沙覆盖，基本无植被的土地，包括沙漠，不包括水系中的沙滩。

8.5 裸土地 指表层为土质，基本无植被覆盖的土地。

8.6 裸岩、石砾地 指表层为岩石或石砾，其覆盖面积＞70％的土地。

8.7 田坎 主要指耕地中南方宽≥1m，北方宽≥2m的地坎或堤坝。

8.8 其他 指其他未利用土地，包括高寒荒漠、苔原等。

为适应社会主义市场经济发展和实施土地用途管制制度的需要，有效实施城乡地政统一管理，根据新修改的《土地管理法》有关规定，自2002年1月1日起实行中国国土资源部组织编制的新的《全国土地利用分类》（试行）中，土地分类分为三个一级类，十五个二级类，七十六个三级分类，即：

1. 农用地

11 耕地 指种植农作物的土地，包括熟地、新开荒地、休闲地、轮歇地、草田轮作地；以种植农作物为主，间有零星果树、桑树或其他树木的土地；种植花卉、药材等作物的土地；平均每年能保证收获一季的滩地海涂。耕地中还包括南方宽<1.0m 北方宽<2.0m 的沟、渠、路和田埂。

111 灌溉水田 指有水源保证和灌溉设施，在一般年景能正常灌溉，用于种植水生作物的耕地，包括灌溉设施的水旱轮作地。

112 望天田 又称雨育水田。指无灌溉设施，主要依靠天然降雨，用于种植水生物的耕地，包括灌溉设施的水旱轮作地。

113 水浇地 指水田、菜地以外，有水源保证和灌溉设施，在一般年景能正常灌溉的耕地。

114 旱地 指无灌溉设施，靠天然降水种植旱作物的耕地，包括没有灌溉设施，仅靠引洪淤灌的耕地。

115 菜地 指年种植蔬菜为主的耕地，包括温室、大棚用地。

12 园地 指种植以采集果、叶、根茎等为主的多年生木本和草本作物，覆盖度大于50%或每公顷有收益的株数达到合理株数70%的土地，包括果树圃等用地。

121 果园 指种植果树的园地。

121K 可调整果园 指由耕地改为果园，但可调整为耕地土地*。

122 桑园 指种植桑树的园地。

122K 可调整桑园 指由耕地改为桑园，但可调整为耕地的土地*。

123 茶园 指种植茶树的园地。

123K 可调整茶园 指由耕地改为茶园，但可调整为耕地的土地*。

124 橡胶园 指种植橡胶树的园地。

124K 可调整橡胶园 指由耕地改为橡胶园，但可调整为耕地的土地*。

125 其他园地，指种植可可、咖啡、油棕、胡椒等其他多年生作物的园地。

125K 可调整其他园地 指由耕地改为其他园地，但可调整为耕地的土地*。

13 林地 指生长乔木、竹类、灌木、沿海红树林的土地。不包括居民点绿地，以及铁路、公路、河流、沟渠的护路、护岸林。

131 森林地 又称有林地，指树木郁闭度>20%的天然、人工林地。

131K 可调整森林地 指由耕地改为森林，但可调整为耕地的土地*。

132 灌木林地 指覆盖度>40%的灌木林地。

133 疏林地 指树木郁闭度10%~20%的疏林地。

134 未成林造林地 指造林成活率大于或等于合理造林数的41%，尚未郁闭但有成林希望的新造林地（一般指造林后不满3~5年或飞机播种后不满5~7年的造林地）。

134K 可调整未成林造林地 指由耕地改为未成林地，但可调整为耕地的土地*。

135 地 指森林采伐、火烧后，五年内未更新的土地。

136 苗圃 指固定的林木育苗地。

136K 可调整苗圃 指由耕地改为苗圃，但可调整为耕地的土地*。

14 牧草地 指生长草本植物为主，用于畜牧业的土地。

141 天然草地 以天然草本植物为主，未经改良，用于放牧或割草的草地，包括以牧为主的疏林、灌木草地。

142　改良草地　指采用灌溉、排水、施肥、松耙、补植等措施进行改良的草地。

143　人工草地　指人工种植牧草的草地，包括人工培植用于牧业的灌木地。

15　其他农用地　指上述耕地、园地、林地、牧草地以外的农用地。

151　畜禽饲养地　指有一定规模的畜禽舍及其附属设施用地。

152　设施农业用地　指应用现代农业生产技术进行工厂化作物栽培的永久性建筑及生产设施用地。

153　坑塘水面　指天然形成或人工开挖的，蓄水量＜10万m^3的坑塘常水位以下的面积，包括水产养殖用地。

154　农田水利用地　指农民、农民集体或其他农业企业在自用土地上自建或联建的农田排灌沟渠及其附属设施用地。

2．建筑用地

21　商服用地　指商业、金融业、餐饮旅馆业、其他商服业建筑及其附属设施用地。

211　商业用地　指商店、各类批发、零售市场及其附属设施用地。

212　金融保险用地　指银行、保险、证券、信托、期货等用地。

213　餐饮旅馆业用地　指饭店、餐厅、酒吧、宾馆、旅馆、招待所、度假村等及其附属建设用地。

214　其他商服用地　指上述用地以外的其他商服用地，包括写字楼、商业性办公楼和企业厂区外独立的办公楼用地；旅行社、运动保健休闲设施、夜总会、歌舞厅、俱乐部、高尔夫球场、加油站、维修网点、照相、理发、洗浴等服务设施用地。

22　工矿仓储用地　指工业、采矿、仓储业用地。

221　工业用地　指工业生产及其附属设施用地。

222　采矿地　指采矿、采石、盐田、砖瓦窑等地面用地。

223　仓储用地　指用于储备、中转物资的场所及附属设施用地。

23　公用设施用地　指为居民生活和二、三产业服务的公用设施及瞻仰、游憩、公用绿地用地。

231　公共基础设施用地　指排水、供电、供燃、供热、邮电、消防、防洪、公用设施维修、环卫等用地。

232　瞻仰游憩公用绿地　指名胜古迹、革命遗址、景点、公园、公用绿地等。

233　墓葬地　指陵园、墓地、殡葬场及附属设施用地。

24　公共建筑用地　指公共文化、体育、娱乐、机关、团体、科研、设计、教育、医卫、慈善等建筑用地。

241　文体用地　指为公众服务的公益性文化、体育设施用地。包括博物馆、展览馆、文化馆、图书馆、纪念馆、影剧院、音乐厅、少青老年活动中心、体育场馆、训练基地等。

242　机关团体用地　指党、政、法等机关，工、青、妇等社团、广播电台、电视台、报社、杂志社、通讯社、出版社等新闻出版单位的办公用地。

243　科研设计用地　指独立的科研、设计机构用地，包括研究、勘测、设计、信息等单位用地。

244　教育用地　指各种教育机构及设施，包括大专院校，中专、职业学校、成人业余教育学校、中小学校、幼儿园、托儿所、党校、行政学院、干部管理学院、盲聋哑学校、工读学校等用地。

245 医疗卫生用地 指医疗、卫生、防疫、急救、保健、疗养、康复、医检药检等用地。

246 福利慈善用地 指孤儿院、养老院、福利院等用地。

25 住宅用地 指供人们日常生活居住的房基地（有独立院落的包括院落）。

251 农村宅基地 指农民居住的宅基地。

252 城镇单一住宅用地 指城镇普通住宅、公寓、别墅用地。

253 城镇混合住宅用地 指城镇以居住为主的住宅与工业或商业等混合用地。

26 特殊用地 指军事设施、涉外、宗教、监教等用地。

261 军事设施用地 指专门用于军事目的的设施用地，包括军事指挥机关和营房等。

262 使领馆用地 指外国政府及国际组织驻华使领馆、办事处等用地。

263 宗教用地 指专门用于宗教活动的庙宇、寺院、道观、教堂等宗教自用地。

264 监教场所 指监狱、看守所、戒毒所等用地。

27 建筑用地 指用于运输通行的地面线路、场站等用地，包括民用机场、港口、码头、地面运输管道和居民点道路及其附属设施用地。

271 铁路 指铁路线路及场站用地，包括路堤、路堑、道沟及护路林；地铁地上部分及出入口等用地。

272 公路 指国家和地方公路，包括路堤、路堑、道沟及护路林及其他附属设施用地。

273 农村道路 指县级以下农村南方宽≥1.0m，北方宽≥2.0m的村间、田间道路。

274 民用机场 指民用机场及其附属设施用地。

275 港口码头用地 指人工修建的客、货运船泊停靠的场所及其附属建筑物，不包括常水位以下部分。

276 运输管道用地 指运输煤炭、石油和天然气等地面运输管道及其附属设施用地。

277 街道 指城乡居民点内公用道路（含立交桥）、公共停车场等。

28 水利建筑用地 指用于水库、水工建筑的土地。

281 水库水面 指人工修建总库容≥10万 m^3，正常蓄水位以下的面积。

282 水工建筑用地 指除农用水利用地以外的人工修筑的沟渠（包括渠槽、渠堤、护堤林）、闸、坝、堤路林、水电站、扬水站等常水位岸线以上的水工建筑用地。

3. 未利用地

31 未利用土地 指目前还未利用的土地，包括难利用的土地，以及按《土地管理法》规定未列入上述农用地、建设用地的其他土地。

311 荒草地 指树木郁闭度<10%，表层为土质，生长杂草，不包括盐碱地、沼泽地和裸土地。

312 盐碱地 指表层盐碱聚集，只生长天然耐盐植物的土地。

313 沼泽地 指经常积水或渍水，一般生长湿生植物的土地。

314 沙地 指表层为沙覆盖，基本无植被的土地，包括沙漠，不包括水系中的沙滩。

315 裸土地 指表层为土质，基本无植被覆盖的土地。

316 裸岩石砾地 指表层为岩石或石砾,其覆盖面积＞70%的土地。

317 田坎 主要指耕地中的梯田坎。

318 其他未利用土地 指包括高寒荒漠、苔原等在内的其他未利用土地。

32 其他土地 指未列入农用地、建设用地的其他水域地。

321 河流水面 指天然形成或人工开挖河流常水位岸线以下的面积。

322 湖泊水面 指天然形成的积水区常水位岸线以下的面积。

323 苇地 指生长芦苇的土地,包括滩涂上的苇地。

324 滩涂 指沿海大潮高潮位与低潮位之间的潮浸地带;河流、湖泊常水位至洪水位间的滩地;时令湖、河洪水位以下的滩地;水库、坑塘的正常蓄水位与最大洪水位间的滩地。不包括已利用的滩涂。

325 冰川及永久积雪 指表层被冰雪常年覆盖的土地。

注:*指生态退耕以外,按照国土资源部发(1999)511号文件规定,在农业产业结构调整中将耕地调整为其他农用地,但未破坏耕作层,不作为耕地减少衡量指标,也不要求占补平衡的那部分土地。

第三节 准 备 工 作

一、组织准备

组织准备工作是保质保量完成土地利用现状调查工作的前提。主要包括:建立领导机构、组织专业队伍、技术培训和试点及制定工作计划等。

（一）建立领导机构

开展调查的县,首先要成立领导班子,由县级政府主管领导挂帅,有关部门领导参加,下设办公室。主要负责组织技术队伍、筹集经费、审定工作计划、协调部门关系、裁定土地权属等重大问题。国营农、林、牧、渔场（包括部队、侨务、司法等部门所属各场）的调查工作,也要在当地政府领导下,统一部署,分头办理。

（二）组织专业队伍

土地利用现状调查是一项技术性较强的科学工作。为确保调查质量及进度,应组建一支以土地管理技术人员为主,由县人事部门从水利、农业、计委、城建、统计、民政、林业、交通等部门抽调技术干部参加的调查专业队伍。专业队伍设队长、技术负责人、技术指导组、若干作业组。作业组可按作业程序分为外业调查调绘组、内业转绘组、面积量算统计组、图件编绘组等,也可分片,3~4个编为一个组,负责某个区域。作业组组长为技术负责人,负责作业成果及检查验收等;乡土地管理员主要配合专业队员进行权属界、行政界调查与接边以及地类调绘等。

（三）技术培训和试点

为提高专业队伍的素质,需组织专业人员进行技术培训,以使全体队员熟悉技术规程,掌握调查方法和操作要领,统一调查技术和标准。培训应从实用出发,采取理论与实践相结合、边讲课边实践的办法。在培训的基础上,根据技术骨干力量的强弱、调查任务的轻重等实际情况选择有代表性的乡或村进行试点,以摸索适合本县的调查办法、标准等,为大规模开展调查打下坚实基础。

（四）制定工作计划

为了顺利完成土地利用现状调查任务，不仅要有统一的组织领导，而且还要有周密的工作计划。制定工作计划时，应根据任务要求和技术规程，综合前人对调查地区已有的工作基础的初步勘测了解的情况，拟定出切合实际的工作计划。其内容一般包括：目的要求、预期成果及其实际意义、完成年限、工作阶段的划分、拟采取的技术路线、工作方法和步骤、经费预算、物质准备和实施方案等。

工作计划确定以后，应分解任务，将任务落实到各个作业组，明确具体工作方案、进度和质量要求等。经验表明，为增强调查人员责任感，应建立各种责任制，明确责、权、利，如技术承包责任制、阶段检查验收制、资料保管责任制等。

二、资料准备

资料准备的主要内容是收集、整理、分析调查区需要的各种图件、航片资料、权属证明文件及社会经济统计资料。

（一）地形图

地形图是进行外业调查和室内转绘成图的基础图件，在调查工作前，先按国际分幅的图幅编号查明地区所涉及的各种比例尺地形图的图幅数，包括整幅的和破幅的幅数，并编制地形图图幅接合表，然后向测绘部门订购最新测绘的规定比例尺的地形图。

（二）航片

利用航片调绘的地区，购买与地形图相应的航片及镶辑复照图。同时，要了解航片的摄影比例尺、摄影时间、航摄机主距、航高和航片倾斜角等，注意航片有无黄斑、发虚、云影等缺陷，并检查航向、旁向重叠度是否符合要求，所购航片是否覆盖全县范围。

（三）影像平面图

影像平面图是以航片平面图为基础在图面上配合以必要的符号、线划和注记的一种新型地图。它既具有航片信息丰富的优点，又可使图廓大小与图幅理论值基本保持一致，因此，只需购买一套。直接利用它可进行外业调查、补测，可节省大量转绘工作。但影像平面图本身价格高。

（四）权属证明文件资料

包括土地权属文件、征用土地文件、清理违法占地的处理文据、用地单位的权源证明等。

（五）其他相关资料

为了便于分析土地利用现状及划分土地类型，应向有关业务部门收集各种专业调查资料，如行政区划图、地貌、地质、土壤、水资源、草资源、森林资源、气象、交通等，以及人口、劳力、耕地、产量、产值、收益、分配等社会经济方面的统计资料。

三、仪器和设备的准备

土地利用现状调查必须配备的仪器、工具和设备,包括必要的测绘仪器、转绘仪器、面积量算仪器、绘图工具、计算工具等;外业调查手簿、权属界线协议书、权属争议原由书、检查验收用表、面积量算用表和土地统计用表等;必要的生活、交通和劳动保护用品等。

第四节 外 业 调 查

外业调查包括调绘前的准备工作、航片的室内预判、外业调绘、外业补测、航片的整饰与接边等内容。调绘前的准备工作和航片的室内预判，都是为了减少野外工作量，保证野外调绘和补测工作的顺利进行。调绘、补测是外业调查工作的核心，是对变更的权属界线及各种地物要素进行绘注和补测等。航片的整饰和接边是对经外业调绘和补测的航片进行清绘整饰工作，是内业工作的基础。

一、准备工作

（一）领取资料与准备调绘工具

1．领取与本调查区有关的地形图、各种专业用图和航摄像片、镶辑复照图及有关说明资料等。

2．准备调绘所用的必要工具，如立体镜、放大镜、调绘夹、直尺、皮尺、小钢卷尺、两脚规、小钢笔、透明纸及各种型号的铅笔（如 HB、2H、3H），还有橡皮、刺针、整饰板等。

（二）整理调查区的航片

根据已确定的作业任务，首先在地形图上标出工作范围，并参照镶辑复照图按航线、航片顺序整理航片。以图幅为单位把全幅航片，按航片顺序，从上到下，从左到右，字头朝北，用黑色墨水编写出图幅号、航线号、航片号，如图 3-1 所示。并将航片的主点转标于地形图上。在标有像主点的地形图基础上绘制调查地区的航片接合草图，使其相互接合，以便工作。

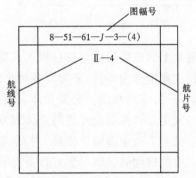

图 3-1 航片样图

（三）划分调绘面积

航片调绘面积又称作业面积，是以航片航向重叠的中线和旁向重叠中线所包含的面积和范围，如图 3-2。

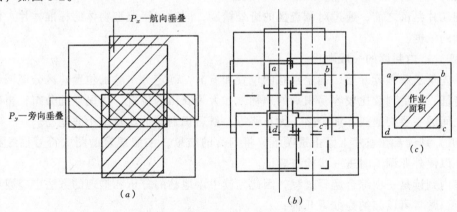

图 3-2 航片重叠和作业面积

为使整个调查区或一幅图内的航片调绘互相连接起来，不产生漏洞和重叠，在调绘开始之前要认真划分好航片的调绘面积，其基本要求是：

1．调绘面积线一般应根据所用的转绘方法，在相邻航片或隔号航片上绘出。调绘面积的角顶点必须为相邻航片的公用点，不得出现漏洞和重叠现象。

2．调绘面积线一般应位于相邻或隔片两航片重叠中线附近，偏离中线不得大于1cm。

3．描绘调绘面积线时，平坦地区一般采用直线或折线，丘陵地、山地一般东、南采用直线或折线，西、北边就必然采用圆滑曲线，并用立体观察绘出。

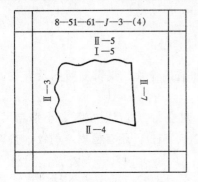

图3-3　航片作业面积整饰

4．调绘面积线要求距航片边缘不得小于1cm。

5．调绘面积线应尽量避免割裂居民点和其他重要的地物，避免与道路、沟渠、管线等地物景象重合，并不得用航片压平线作调绘面积线。

6．为了使图幅之间不产生漏洞，要求在图幅边缘的航片上用红色墨水绘出图廓线。每张航片的作业面积的整饰如图3-3。

二、室内判读（预判）

为了减少调绘工作量、提高工作效率，在外业调绘前，需进行室内判读。室内判读是指在室内根据航片上的成像规律与特征以及其他有关的可靠资料（包括地形图、专业用图及实地收集的判读典型样片等），来确定各种土地类别的位置和范围的工作。其做法如下：

（一）室内判读一定要立体判读

利用立体镜对航片进行立体观察，可使所摄航片上的景物，如立体模型一样展现在面前，能判读得更清晰、准确，特别是当判读影像不清、密而繁杂、层次较多、有阴影和投影误差的地物时，效果更好。务必利用立体观察判读。

（二）利用地形图和航片对照分析判读

调查地区所使用的航片，一般都是编制该地区1:10000地形图的航片。用地形图与航片上的相应明显地物对照分析判读是土地利用现状调查的主要判读方法。

（三）利用典型样片和航片对照分析判读

在航片判读之前，通过对调查区的野外踏勘，同时取得典型物体的标准样片，作为室内判读的依据。

（四）室内判读的一般顺序

首先从水系判读开始，确定水系的位置和流向，确定分水岭的位置，区分流域，掌握地形特征；然后判读比较容易识别的地物，如大片农田的位置、居民点的分布；再确定居民点之间的主要交通线，如公路、大车路等；最后识别其他比较细小的地物。

（五）判读要在航片上蒙上透明纸，将判读的结果，按照规定的图式符号描绘在透明纸上，以便外业调绘时进一步检查验证。

室内判读是一项综合解释过程，因此判读中以地物的分析和推理的方法也应视具体情况而定，常常可以归纳为如下几种：

1．直判法　直接利用判读特征对像片影像做出较有把握的判读。判读员经验越丰富，用直判法判读的地物就越多、越快。

2．对比法　利用典型像片或其他进行对比分析判读，得到新的启发，而使不易判读的地物得到正确答案。

3．综合判读法　利用间接判读特征（地物的相关和依存关系等）做出类比推理，进行综合判读。综合判读法主要考虑以下几个方面：一是地物存在的条件和位置。某种地物在什么地方出现多数是有规律的，例如：涵洞、渡口、桥梁的存在及位置，总是与水渠、道路、河流等有紧密联系。二是人类活动的规律。许多地物都是出自于人类生产和生活活动的需要条件。如道路网的密度、等级与该地区经济、文化的发展情况密切相关。三是自然运动的规律。水往低处流是大自然运动的规律，如冲沟、雨裂、干河床、陡坎等都与水流方向有关。

三、航片与地形图的差别

（一）表示方法上的差别

航空像片是地表景观的真实写照，它通过影像的形状、大小、纹理和色调等来表达地物、地貌特征，图像直观、具体。而地形图是根据一定的数学法则，用等高线和注记、各种符号，按一定的比例尺表示地表的图形，同时还因比例尺和用途的不同，对地形和地物进行了一定的综合取舍，因而图形几何精度高，但不直观不具体。

（二）投影方式差别

地形图是地面景观的正射投影，其特点是图上角度与实物相等，而线段是按同一比例缩放，图形是实物相似的平面图。航空像片是地面的中心投影。由于航片的倾斜和地形的起伏而存在着倾斜误差和投影误差，因此航片上各部分的比例尺是不同的。

（三）比例尺方面的差别

垂直投影的地图比例尺与投影距离无关；而中心投影的航片比例尺由许多因素决定，例如航高、焦距、航片倾斜角等。另外由于地形起伏使比例尺发生变化，还有其他一些物理因素的影响，如镜头畸变、大气折光差、相纸变形等，使像片影像与正射投影的影像存在微小差异。

四、外业调绘与补测

（一）外业调绘

航片外业调绘是土地利用现状调查中，取得野外直接资料的主要工作之一。调绘是指在研究航片影像与地物、地貌内在联系的基础上进行的判读、调查和绘注等的工作。主要包括境界和土地权属界调绘、地类调绘和线状地物调绘等。

1. 基本方法　为了提高调绘质量，加快进度，必须认真选择好调绘路线，制定好调绘计划，以确保工作顺利进行。对地形图上现状变化部分要进行调绘补测，补测内容按土地利用现状调查规程对各种地类的有关要求执行。外业调绘时要量测线形地物的宽度，实地量测的地点要在航片上标明注记或在记录簿上绘制草图。野外调绘的基本方法是：

（1）选好站立点　站立点选的好坏关系到调绘效果。站立点要选在地势高，视野广，且前后两次停顿所画的地物能联起来的明显地物点上。判读方法就由远到近，从总貌到碎部，先用航片上最明显的影像去找实地上相应的地物，然后再逐步扩展开。

（2）确定航片方位　调绘时，一定要使航片方位与实地方位一致。为此，需要在航片上判读出站立点的位置，并应找一至二个明显地物点的相关位置校核方向，确保方位正确。

（3）抓住特征地物，远看近判相结合，有利于地物的综合取舍和描绘的准确性。

（4）掌握航片的比例尺，建立实地物体与其影像之间的比例关系。

（5）边走边判读。

（6）借助立体观察，正确调绘山区或影像不明显的地物，以确保调绘精度。

2. 地类调绘　地类调绘按《土地利用现状调查技术规程》中的"土地利用现状分类及含义",在实地对照航片逐一判读、调绘,标记在透明纸上,并填写外业手簿。地类调绘时应注意:认真掌握分类含义,注意区分相接近的地类;地类界应封闭,并以实线表示;地类应按规定的图例符号注记于航片上;当地类与线状地物或土地权属界、行政界重合时,可省略不绘;调绘的地类图斑以村为单位统一编号。航片上最小调绘图斑的面积应根据航片平均比例尺和地形图上最小图斑面积折算。地形图上最小图斑面积:居民地为 $4mm^2$,耕地、园地为 $6mm^2$,其他地类 $15mm^2$。能清晰判读的地类界在航片上的位移不应超过 0.3mm,调绘困难地区或不明显的地类界线的位移不超过 1mm。

3. 线状地物调绘　线状地物包括河流、铁路、公路,固定的沟、渠、路等。《土地利用现状调查技术规程》规定,线状地物的宽度北方 $\geqslant 2m$,南方 $\geqslant 1m$ 时,都要进行调绘并实地丈量宽度,丈量精确到 0.1m。对于宽度不一的线状地物应分段丈量其宽度,同时,要查明线状地物的归属。调绘的线状地物应编号,实丈宽度及归属填写在外业调查手簿中。线状地物应按《土地利用现状调查技术规程》规定的图例符号注记在航片上,不依比例尺符号,画在影像中心;依比例尺符号,实丈量宽度描绘边界。对并列的小线状地物,若不能同时上图时,可适当综合取舍,以确保主要线状物的权属和数据准确。

4. 境界和土地权属界的调绘　境界线系指国界线、各省界线、地(市、州)界线、县(市)界线、乡(镇)界线。土地权属界线系指村、农牧渔场以及居民点以上的厂矿、机关团体、学校等单位的土地所有权和使用权界线。一般,土地权属界线是包括在某一级的行政境界线之内的。

境界线调绘的目的是为了查清各级行政区域界线。主要调绘的是乡(镇)界和县(市)界。地界、省界可在乡(镇)、县(市)界认定的基础上确定。各级境界线应按《土地利用现状调查技术规程》规定的图例符号表示。有争议的界线且一时协商不成的,如不影响调绘工作可确定临时工作界线。境界线经外业调绘明确,双方认可并在底图上标清后,应签订境界认可书以表示双方相接界线的确认。

土地权属界线的调绘要达到权属清晰、界线双方确认的要求。土地权属界线调绘过程可分为通知、指界、标界、签订权属界线协议书等项工作。具体是:县(市)人民政府向调查区各土地所有单位和土地使用单位发布公告或通知,要求他们主动向土地管理部门提交具有法律效力的权属证明文件资料和图纸,并在指定时间派人员参加调查组组织的、有相邻土地权属单位负责人参加的现场指界及标绘工作。双方同指一界为无争议界线;如双方的界线不同,则两界之间的土地为争议土地,各方指定的界线同时在图上标清。在航片或调查底图上要标清权属界线的拐点,如权属界线的拐点为固定地物时,可直接在图纸上的固定地物上作一标记;权属界线的拐点无固定明确标记的,应在实地埋设标志,其拐点位置的确定可用简易补测方法标绘在图纸上,并绘制草图加上文字说明,拐点位置在图上用直径 1mm 的圆圈绘出。

(二)外业补测

在航摄和成图以后,由于实地地物发生了变化,同时由于地形图上的内容也不能满足土地利用现状调查的需要,所以,要对航片和地形图进行必要的补调和补测工作。为了保持图件的现势性而进行的野外简易测量,称为图的补测。

补测有两种:一种是在航片上进行补测,它是与外业调绘同时进行。另一种是在地形图（或像片平面图）上进行补测。

1. 航片补测　航片补测就是根据一些明显地物的影像，来判读或交会出需补测地物在航片上的位置。其方法有：比较法、截距法、距离交会法、延长线截距法、坐标法等。补测时，应注意几个问题：地物的中心位置、形状、大小及宽度，控制新增地物的关键位置，加强对已补测地物的校核，以保证新补地物的精度要求。

2. 地形图和影像地图的补测　在没有航片的地区和部门，可采用地形图或影像地图直接补测。在地形图和影像地图上补测新增地场，除采用上述补测方法外，还可采用方向交会法。在个别补测面积较大、内容较多、较复杂的地区，也可按平板仪测图的方法进行补测，以保证补测精度。影像图上因既有统一的比例尺，又有各地物的影像，较为直观，故能减少室内外的工作量，又能直接提高补测精度。实践证明，用影像图进行补测要比用形图补测，优越性更为显著。

（三）外业调绘、补测记录

进行土地利用现状调查的目的，不仅是为了摸清土地资源的面积和分布，而且要运用调查资料，研究土地利用的特点和规律，提出合理、充分和有效地利用土地的意见。为了使土地调查能满足这个要求，还必须了解土地的自然性状和利用状况，为土地评价提供依据。因此，在进行土地利用现状调查时，要对影响土地利用的有关因素，作必要的调查，并按野外调绘、补测手簿的内容，作好调查记录，如表3-1所示。

图幅编号：　　　　　　　　　　野外地调绘、补测记录表　　　　　　　第　页　　表3-1

土地使用单位	航片号	顺序号	地类号和地类名称	地貌	植被	土壤	坡度	经营方式等	土地利用问题和今后利用意见	其中线形地物等实测数据（m）				补测草图及数据
										道路宽	沟渠宽	其他地类		
												名称	数据	
①	②	③	④	⑤	⑥	⑦	⑧	⑨	⑩	⑪	⑫	⑬	⑭	⑮

检查员　　　　　　调查员　　　　　　调查日期　　　年　月　日

第五节　航　片　转　绘

航片转绘是将航片外业调绘与补测的内容转绘到内业底图上的室内工作，其成果是编制土地利用现状图和土地权属界线图的原始存档工作底图。它包括航片投影误差和倾斜误差的改正以及统一比例尺等三项内容。

一、航片转绘的方法及选择

航片转绘可以用航片平面图或影像地图为底图，也可以用地形图为底图。根据转绘手段的不同，航片转绘的方法大致可归纳为图解转绘和仪器转绘两大类。

图解转绘法是根据航片和地形图上已知同名地物点，利用直尺、圆规等作图工具，通过图解来进行转绘的方法。仪器转绘法是将航片外业调绘、补测内容，通过仪器转绘到内业底图上。两种方法各有其优缺点：图解法的优点是费用少、方法简单、易于操作及普及，缺点是精度不及仪器转绘高，较费工；仪器转绘法则具有速度快、精度高的特点，但费用大，不易普及。转绘方法如图3-4所示。

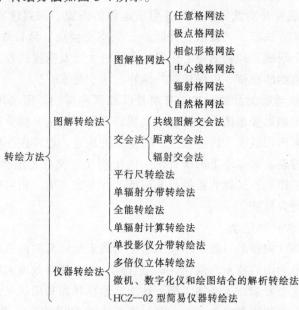

图 3-4 转绘方法

根据图件资料、仪器设备情况、技术条件和土地利用现状调查的程度要求及地形条件等，可选择各自适宜的转绘方法。

1．在平原地区，当利用地形图作底图时，图解转绘法中可优先选用相似形格网法和中心线格网法，也可采用任意格网法、极点格网法、共线图解交会法、辐射交会法、距离交会法等。有条件时可采用立体转绘法和解析转绘法等仪器转绘。当以航片平面图或影像地图为底图时，可直接利用它们进行调绘、补测。

2．在丘陵地区，当利用地形图作底图时，可选择辐射格网法、辐射交会法、单辐射分带转绘法、全能转绘法和单辐射计算转绘法。条件许可时可利用仪器转绘法，如单投影仪转绘法、立体转绘法和解析转绘法等。当利用影像地图为底图时，可直接在它们上面调绘、补测。

3．在山区，一般宜选用辐射交会法、单辐射分带转绘法、全能转绘法、单辐射计算转绘法，有条件的地区可选用单投影仪转绘法、立体转绘法和解析转绘法等。

二、分带转绘的原理

分带转绘的主要任务是消除像片的倾斜误差，并将投影误差限制在成图精度要求的范围内，这样，就把像片上中心投影的地物、地貌，通过分带转绘改变成了垂直投影的地形图。

（一）投影误差和投影面

投影误差是垂直投影与中心投影两种不同投影方式所引起的差异。当地面存在着起伏的时候，航摄像片上的投影误差并不因像片水平而消失。如图3-5所示：地面 A、B、C、D 四点，在100m高程面 T 上的垂直投影为 A、B_0、C_0、D，在倾斜像片 P 上的中心投影为 a'、b'、c'、d'，在水平像片 P_0 上的投影为 a_0、b、c、d_0。很明显，T、P、P_0 三面上相应点间组成的图形各不相似，只有当 P 和 P_0 上得到与投影差 $c'c''$、$b''b'$ 与 c_0c、bb_0 被改正以及 P 面经纠正消除倾斜误差后，才能在 P 和 P_0 上得到与垂直投影 A、B_0、

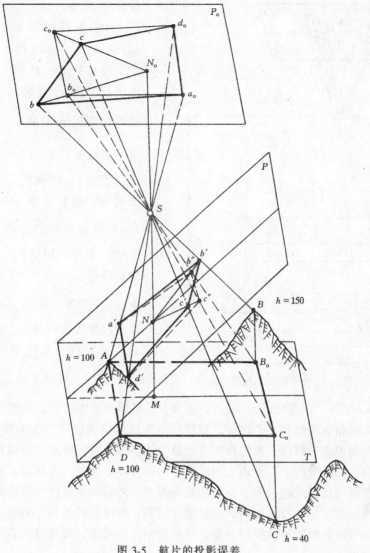

图 3-5 航片的投影误差

C_0、D 相似的图形,如 P_0 上的 a_0、b_0、c_0、d_0。由此可见,像片纠正只能消除倾斜误差而不能消除投影误差,无论倾斜像片或水平像片,都存在着由于地面起伏所引起的投影误差。

如图 3-6,当投影面在 T_1 位置时,投影差为 $A'A_0$,将投影面上升到 T_2 时,则投影差为 $A''A'_0$,$A''A'_0 < A'A_0$。因此用不同高度的投影面来进行投影,就可以达到消除或限制投影误差的目的。分带转绘的基本原理就是要据投影误差随着投影面高低而变化这一基本特点出发的。现由图 3-7 加以说明:

AD 为等倾斜的山坡,令 $AB = BC = CD$,地面点 A、B、C、D 在水平像片 P_0 上的构

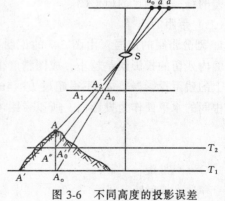

图 3-6 不同高度的投影误差

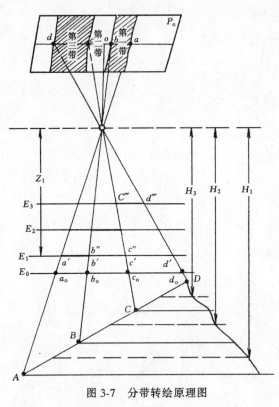

图 3-7 分带转绘原理图

像分别为 a、b、c、d。若把 a、b、c、d 投影到投影面 E_0 上,则线段 a_0b_0、b_0c_0、c_0d_0 各不相等。

设水平像片 P_0 上 a、b、c、d 投影到投影面 E_1 位置时,$a'b'$ 长度符合成图比例尺 $\frac{1}{M}$ 的要求,把 $a'b'$ 转绘下来,此时 $b'c'$ 和 $c'd'$ 则不符合 $\frac{1}{M}$ 的要求。改变 E_1 的高度,当升高到 E_2 时发现 $b''c''$ 的长度等于 $a'b'$,也就是说 $b''c''$ 长度也符合 $\frac{1}{M}$,把 $b''c''$ 在 E_2 位置上转绘下来。同理将 cd 在 E_3 位置上进行转绘,使 $c'''d'''$ 长度和 $a'b'$ 相等,则 $c'''d'''$ 长度也符合 $\frac{1}{M}$。由于用不同高度的投影面进行投影,从而统一了 ab、bc、cd 各部分的比例尺,在比例尺为 $\frac{1}{M}$ 的图板上获得了地面 $AB = BC = CD$ 相应的 $a'b' = b''c'' = c'''d'''$ 的投影。可见,在含有投影误差的像片上,只要将投影面选在与地物或地貌高程相应的位置上来投影,就能够消除因地面起伏所引起的投影误差。因此,设想用一定间隔的水平截面,把地面按高程分为许多带,每一带的中间截面作为各带的投影面或叫带面,同一带的上下带边之间的高差叫做带距。如图 3-7 所示,投影时将投影面的相对航高按规定比例尺进行缩小,作为投影高度,然后就可以将一带范围内的地物、地貌、地类,投影到这一个投影面内。这样做的结果,带面上的地物、地貌、地类就消除了投影误差,而带边沿所残留的投影误差,只要带距选择适当,就可以使它限制在成图精度要求的范围之内。

综上所述,分带纠正的基本原理就是通过纠正解决像片倾斜问题;通过分带投影解决地面起伏问题,综合在一起则是通过分带纠正和投影转绘得到既消除倾斜误差又限制了投影误差的统一比例尺的地形图。

(二) 带距的选择

1. 划分带距的依据 由图 3-7 的说明可知,像片范围内带距愈小则带数越多,各带投影面内残留的投影误差越小,成图精度也随着提高。为保证成图精度,规范规定投影到图面上的残留投影误差 δ_E 不得超过 $\pm 0.4\text{mm}$,并作为划分带距的依据。实际作业中,取带距中间的水平面作为投影面,所以带距 Q 的计算式为:

$$Q = 0.0008 \frac{f}{r} M \qquad (3\text{-}1)$$

式中 Q——带距;

r——辐射距;

f——航摄仪焦距；

M——成图比例尺分母。

2. 带距的计算和规定　由于水平截面的截口一般是等高线，所以分带转绘时把等高线当作投影面或带边。例如：成图比例尺为 1:10000，$f=100$mm，$r=85$mm。

$$Q = 0.0008 \times \frac{100}{85} \times 10000 = 9.4\text{m}$$

取 Q 值为 10m。从计算可以看出，如果 M、f 为定值，则 Q 值随 r 不同而变化，一幅图内因每张像片 r 的不同会有不同的带距出现，作业很不方便，因此实际作业中，尤其是投影地物时往往是以计曲线作为带的边缘。如果 Q 为规定值，要使各带内的残留投影差 δ_E 不超过规定，就必须对像片的投影范围加以限制。

为满足用图需要，规范规定"投影时按半带投影。第一类方位物应在所在高程面上投影"，这就无需画限制圆了。

（三）投影高度改变值 ΔZ 的计算

实际作业中不是升降投影面，而是用升降投影器来转带的，即投完一带后改变投影器高度 ΔZ 来达到统一各带比例尺的目的。ΔZ 又如何确定呢？

如图 3-8 知，当像片对于第一带面 E_1 进行纠正后，此带上已无倾斜误差，投影误差也限制在规定范围以内了。这时，第一带面 E_1 距投影中心的高度 $Z_1 = H_1/M$。将投影面改变到 E_2 即 $Z_2 = H_2/M$，这样第二带上的投影误差也不超过规定，相当于图 3-7 中的 $a'b' = b''c''$。

由上述两带投影高度的公式中可得：

$$\frac{Z_1}{H_1} = \frac{Z_2}{H_2} = \frac{1}{M} \text{ 即 } \frac{Z_2}{Z_1} = \frac{H_2}{H_1}$$

按分比定律可得：

$$\frac{Z_1 - Z_2}{Z_1} = \frac{H_1 - H_2}{H_1}$$

已知：$Z_1 - Z_2 = \Delta Z$，$H_1 - H_2 = Q$，并代入上式得：

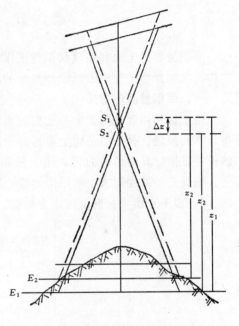

图 3-8　投影高度改正值

$$\frac{\Delta Z}{Z_1} = \frac{Q}{H_1} \tag{3-2}$$

式（3-2）即为仪器上投影面改变值 ΔZ 的计算公式。纠正对点后，在仪器上量取第一带投影面高度 Z_1，根据第一带投影面的相对航高 H_1 和 Q 计算出 ΔZ，安置在梯形尺上，以后每投完一带就升高或降低一个 ΔZ 值，即能达到转换投影面的目的。

三、航片转绘的精度

转绘精度是指调绘地物从航片上转绘到地形图上的位置与按地形图成图精度要求转绘的位置之间的偏差大小，一般用中误差来衡量。用精度较高的转绘手段进行检查时，转绘点位中误差的计算公式为：

$$m_{转} = \pm \sqrt{\frac{\Sigma K \cdot l^2}{\Sigma K}} \tag{3-3}$$

式中 $m_{转}$——转绘点位中误差；

K——检查点数；

l——转绘点点位较差。

根据《土地利用现状调查技术规程》规定，不同地区转绘精度要求不同，如表 3-2。

不同地区的转绘精度　　　　　　表 3-2

地形	图幅内高差		中误差 (mm)	最大误差 (mm)
	1:10000	1:25000		
平地	20m 以下	40m 以下	0.75	1.5
丘陵	20～150m	40～300m	1.0	2.0
山地	150m 以上	300m 以上	1.5	3.0

第六节　面　积　量　算

面积量算是土地利用现状调查工作的一个重要环节，是一项技术性强且又十分繁杂的工作，必须严格按规定的原则和科学的程序进行。

一、面积量算的方法

在土地利用现状调查中，适用的面积量算方法很多，大致归纳可分两大类：一类是直接计算面积法；另一类是图上量算面积法。直接计算面积是依据实地测量所得数据，利用解析法直接计算图形的面积。图上量算面积是在编绘合格的土地利用现状图的工作底图上，按规定的精度要求，利用图解法、求积仪法等量算图形面积。常用的面积量算方法如图 3-9。以下介绍坐标解析法、方格法、机械求积仪法和光电测积仪法：

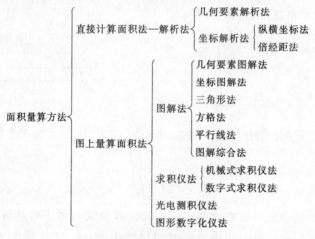

图 3-9　面积量算方法

（一）坐标解析法

当图形为多边形时，可以沿多边形土地的边界布置闭导线并通过测角和量距以及计算过程，最后根据该土地多边形各转折点的坐标和坐标增量求算面积。此种方法称为坐标解析法。

如图 3-10，四边形各顶点的坐标分别为 (x_1, y_1)、(x_2, y_2)、(x_3, y_3)、(x_4, y_4)，则其面

积 P 可视为若干梯形面积的代数和。

$$2P = (x_1 + x_2)(y_2 - y_1) + (x_3 + x_2)(y_3 - y_2) - (x_3 + x_4)(y_3 - y_4) - (x_4 + x_1)(y_4 - y_1)$$

展开上式，并分别提出 x 项或 y 项，则得：

$$2P = x_1(y_2 - y_4) + x_2(y_3 - y_1) + x_3(y_4 - y_2) + x_4(y_1 - y_3)$$

$$2P = y_1(x_4 - x_2) + y_2(x_1 - x_3) + y_3(x_2 - x_4) + y_4(x_3 - x_1)$$

对于任意多边形可用相应公式表示（其中 i 为各顶点的序号）：

$$\left. \begin{array}{l} 2P = \sum_{i=1}^{n} x_i(y_{i+1} - y_{i-1}) \\ 2P = \sum_{i=1}^{n} y_i(x_{i-1} - x_{i+1}) \end{array} \right\} \quad (3\text{-}4) \\ (3\text{-}5)$$

两式计算结果应相等，并互为校核。其文字表述为：两倍的多边形面积等于各顶点纵（横）坐标顺次乘上它前（后）、后（前）两点横（纵）坐标差的积的总和。

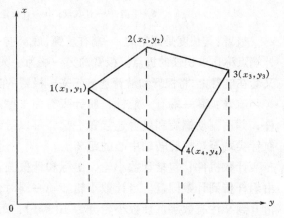

图 3-10 坐标解析法

（二）方格法

方格法是膜片法中的一种。方格膜片是在透明胶片、玻璃片或透明纸上刻出或印出间隔为 1 或 2mm 的互相垂直的直线网片。

使用时，将方格膜片放在欲测图形上面，然后计算图形内整方格数，可按大、小格数分别记录，每一个大格（往往为厘米格）为 100 小格（毫米格），然后用目估法计算破格，并计算总数。一般要求破格估读到 $0.1mm^2$，此法比较准确，但眼睛非常容易疲劳。当破格数目大于 30 个以上时，可以将所有破格按 0.5 计，也可以采取"四舍五入"方法，即目估大于毫米格半格算为一格，小于半格舍去。后两种方法速度快，但精度较低。

根据图的比例尺可以算出每小格相当的面积值，即单格值。如在 1:10000 土地利用现状图上，1mm 相当于实地 10m，$1mm^2$ 相当于实地 $100m^2$，即 0.15 亩。再据图形占方格数，按下式，即可计算出面积。

$$P = n \cdot c \qquad (3\text{-}6)$$

式中　n——格数；
　　　c——单格值。

注意事项：1. 每个图形应当蒙图和查算两次，每次蒙图时应改变透明方格纸的方向，量算结果在允许的误差范围内，取平均值；2. 方格法量算小图斑精度较高，应用较广。但是由于破格估算凑整误差、方格纸伸缩误差等，也会影响其精度；3. 方格法用于大图形，易出差错。

（三）求积仪法

1. 求积仪的构造

求积仪由极臂、航臂（描迹臂）和一套计数机件所组成，如图 3-11 所示。

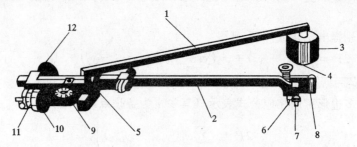

图 3-11　求积仪的构造

1—极臂；2—航臂；3—重锤；4—极点；5—圆头短柄；6—描迹针；7—小圆柱；
8—手柄；9—计数盘；10—计数轮；11—计数游标；12—支撑轮

极臂：其长度是固定的，一端有重锤，底部有一小针，借重锤的重量刺入图纸固定不动，短针端点称作求积仪的极点。极臂的另一端为一圆头短柄，短柄可插在接合套的圆洞内，接合套又套在航臂上，将极臂和航臂连接起来。极臂的长度是指极点至短柄旋转轴中心的距离。

航臂：其一端有一航针，航针旁有一支撑航针的小圆柱和一手柄。另一端装有计数机件，并用制动螺旋和航臂连接在一起，可以滑动或固定，以调节航臂的长度。航臂长是指航针尖端至短柄旋转轴中心的距离。

计数机件：包括计数小轮、游标和计数圆盘。当航针移动时，计数小轮随着滚动，并由蜗杆传到计数圆盘。当计数小轮转动一周时，计数圆盘转动一格。计数圆盘共分 10 格，由 0 到 9 注有数字。计数小轮分为 10 等份，每一等份又成 10 个小格。在计数小轮旁附有游标，可直接读出计数小轮上一小格的 1/10。因此根据这个计数机件，可读出四位数字，首先从计数圆盘上读得千位数，然后在计数小轮上读取百位数和十位数，最后按游标读取个位数。如图 3-12 的读数为 5437。

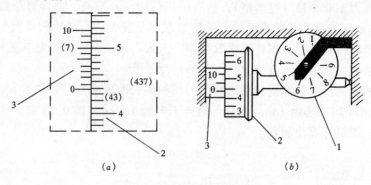

图 3-12　求积仪的计数

1—计数盘；2—计数轮；3—计数游标

2. 求积仪的使用

(1) 检查仪器质量

1) 计数轮转动平稳、自如。计数轮与游标之间的空隙不宜太大，也不宜过紧，可用游标旁的螺丝进行调整。

2) 游标上 10 个分划刻度应与计数轮上任意 9 个刻度对应。

3) 计数轮的转动轴应与航臂平行。检查方法：利用检验尺按左、右两极位测算面积，如果两极读数之差在 2-3 分划数以内，可认为符合要求。

4) 求积仪全部构件必须齐全，极针和航针不应弯曲或磨损。

(2) 固定图纸　将图纸展放在水平光滑的图板上，并加以固定。

(3) 测定求积仪分划值　求积仪的分划值表示游标上每一个分划刻度代表的实地面积，即求积仪单位读数所代表的实地面积。一般利用土地利用现状图上 2-3 个坐标网格（面积已知），在左、右两种极位下，求取分划值 C，如表 3-3。

(4) 确定求积仪的极点位置与起始点　如果量测的图形面积不大时，可将极点安置在图形之外，并用航针试绕图形一周，若运转没有障碍，而且极臂与航臂夹角在 30°~150° 之间，则可固定极点，并选择测轮转动最慢的位置，即两臂夹角接近 90°，且有明显特征的点作为起始点。

(5) 量算面积

1) 对准起始点，记录起始读数 V_1。

2) 按顺时针方向，移动描迹针（航针），速度要均匀、平稳、航针要准确地沿着图形界线绕行。当航针回到起始点时，记录终结读数 V_2，接着再绕行两圈，记录第三个读数 V_3。

3) 计算单极读数差 $n_1 = V_2 - V_1$，$n_2 = V_3 - V_2$，同一极位两次量算分划数的允许误差如表 3-4。

求积仪分划值的测定　　　　　　表 3-3

极位	求积仪 读数 V_1 读数 V_2 读数 V_3	单极读数差 $n_1 = V_2 - V_1$ $n_2 = V_3 - V_2$	单极平均读数差 $\bar{n} = \dfrac{n_1 + n_2}{2}$	双极平均读数差 $N = \dfrac{\bar{n_1} + \bar{n_2}}{2}$	理论面积 P_0	分划值 $C = \dfrac{P_0}{N}$
右	3647 5648 7650	2001 2002	2001.5	2001.25	200ha	0.09993ha
左	8972 10974 12974	2002 2000	2001			

求积仪两次量算分划数的允许误差　　　　　　表 3-4

求积仪分划数	允许误差（分划数）	备　　注
<200	2	亦适用于重复绕圈的累计分划数
200-2000	3	同　上
>2000	4	同　上

4) 计算单极平均读数差　$\bar{n} = \dfrac{n_1 + n_2}{2}$。　　　　　(3-7)

5) 计算双极平均读数差　$N = \dfrac{\bar{n_1} + \bar{n_2}}{2}$。　　　　　(3-8)

在量测碎部面积时，每一个图斑可以只用一个极位量测两圈。量测控制面积时，要进行左、右两个极位的量测，两极位的平均读数差之间的差值应小于 4 个分划数。

6) 计算图斑面积（P）：

$$P = C \cdot (V_2 - V_1) \tag{3-9}$$

式中　P——所求图斑面积；

　　　V_1——起始读数；

　　　V_2——终结读数；

　　　C——求积仪分划值。

（四）光电测算面积法

光电法是利用光电对要量算面积的图形进行扫描，并通过转换处理，变成脉冲信号，计算面积。光电法求积主要有光电面积量测仪与密度分割仪求积两种，具有速度快，精度高（当然低于解析法）等优点，但仪器价格昂贵。

1．光电面积量测仪 GDM-1 型

该仪器是将被量测图形经过处理后，置于滚筒上进行扫描，通过光电变换，即把图像上各单元反射光强的变化转换为光电流大小的变化，经放大、整形，变成电位高低变化的脉冲信号，从而驱动电子计数，达到自动量测面积的目的。有效扫描面积为 200×400 (mm^2)，但一次只能量测一种颜色的图斑。

具体实施操作：

（1）首先将待测的图形用毛笔均匀的涂上同一颜色，然后把图纸固定在仪器的滚筒上进行扫描，读取信息量。但信息量的单位并非面积单位，应除一个系数 K 才是单位面积所代表的信息量。

（2）系数 K 的测定。选用一张 20cm×20cm 标准规则的几何图形的图纸和涂料，装在仪器上进行扫描，取得标准图形的信息量 A_0，由下式求得系数 K：

$$K = A_0 / P_0 \tag{3-10}$$

式中　K——系数，即 $1cm^2$ 的信息量；

　　　P_0——标准几何图形的面积（cm^2）；

　　　A_0——标准图形扫描后的信息量。

故任何图形扫描面积 P：

$$P = A / K \tag{3-11}$$

式中　A——图形扫描信息量。

2．密度分割仪

（1）工作过程原理

与光电面积量测仪原理基本相同，也是应用光电扫描方法求积的。不同之处在于密度分割仪可以对图面上不同密度等级的面积同时进行扫描，从而得到各自的面积数据。

密度分割仪是用一个光导摄像管对图像进行光电扫描，把图像上每一点的密度值变换为模拟电压信号，该信号经模数变换，成为具有不同电平等级的数字信号，再经彩色编码电路处理，用不同色彩来表示电平等级不同的信号，为此在彩色电视监视器的屏幕上，出现了一幅经过分割的等密度假彩色图像。这种图像上具有相同色彩的部分就具有相同的密度，通过电子求积装置，可在显示窗口上读出相应颜色面积的百分比。利用面积相对值就可量算图上各类土地的面积。

(2) 量算面积的实施

1) 底图着色

在底图上将地类的图斑着色,每一种地类着一种颜色,颜色间差异分明,一幅图只能使用 3~4 种不同颜色。为了避免出错,最好采用分次着色、分次量算的办法。

2) 仪器全标度面积测定

由原理可知,窗口所显示的面积的百分数,还需乘一个系数才能得到面积。该系数称仪器全标度面积。也就是仪器显示窗口所读得的百分数的单位面积值,为每百分之一代表的面积值,可由下式计算:

$$C = P_0/A_0 \tag{3-12}$$

式中 C——全标度面积;

P_0——标准面积;

A_0——标准板在仪器显示窗口的读数。

用白纸或黑纸制作 1/4 图幅的标准板,并精确测定其面积 P_0(一级线纹米尺或网眼尺测定)。把标准板平放在光箱测图台中央,转动光电摄像机变焦镜头上的调焦圆环进行调焦,使标准板图像的大小恰好在彩色电视监视器屏幕上所显示的格网(10×10)以内,比格网外廓稍小些,在显示窗口上读取百分数 A_0 值。

3) 面积量测与计算

把求积、彩色、黑色开关置于求积档,将校准开关置于"ON"档,旋转"标度旋钮",使"面积百分比"显示窗显示为 100%。每次量测前应将标准板的百分比数安置在测定时的数值。然后将需要量算的已涂色的 1/4 图幅放在光箱测图台中央,通过镜头变焦,使量测的图形置于 10×10 的网格内,按所测地类色彩将相应密度开关分别拨到求积档,依次读取所测各地类面积的百分数。可按下式计算面积:

$$P_i = C \cdot A_i \tag{3-13}$$

式中 P_i——所要量算的第 i 种地类面积;

A_i——所要量测的第 i 种地类在仪器上的读数(百分数);

C——全标度面积。

二、面积量算原则

面积量算的原则是:"图幅控制、分级量算、按比例平差、逐级汇总"。

(一) 图幅控制

以地形图图幅理论面积作为图幅内各级面积量算最基本的控制依据,图幅内各类土地面积量算的结果应与之相等。国家基本比例尺地形图图幅的理论面积可以从高斯投影图廓坐标中查取;矩形或正方形图幅的理论面积可采用坐标公里网根据相应比例计算求得。面积量算应注意:同一幅图中相邻土地使用单位(县、乡),不管它们是否同期开展土地调查,都应参加量算、平差,切不可用图幅理论面积减去某土地使用单位量算面积,而得出另一个土地使用单位的面积。如果是不同期开展调查单位,应由先开展调查单位负责量算基本图幅的总体面积并为另一方提供平差后的总面积。

此外,同一土地使用单位(乡、村)的土地,如果分布在相邻的几幅图上,应分幅量算其面积,然后汇总得出该土地使用单位的总面积,不能将几幅图相互拼接在一起量算其总面积。

(二) 分级量算

面积量算也应遵循从总体到局部的原则,分级进行量算,一般分三级量算和二级量算两种。

1．三级量算：以图幅理论面积控制到乡面积，乡面积再控制村面积，村面积控制碎部面积。

2．二级量算：以图幅理论面积直接控制到村面积，村面积再控制碎部面积；也有采用分区方法，以图幅控制区，区控制碎部面积。

面积量算一般不采用由图幅理论面积直接控制到碎部面积的方法，其原因是确保量算的精度。

（三）按比例平差

按比例平差是指在同一幅图内同一级面积量算中，当量算误差小于允许误差时，将不符值按各部分面积之大小进行平差，平差后的各部分面积又成为下一级面积量算的控制依据。

（四）逐级汇总

逐级汇总首先是分幅汇总，在同一幅图上从低到高汇总；其次是打开幅界，按行政单位（村、乡、县）自下而上逐级将分布在相邻图幅上同一土地使用单位的平差后的面积，汇总统计出完整的村、乡、县总面积。

三、面积量算的程序

为了准确迅速地量算并统计汇总出面积，面积量算工作应按一定的程序进行。它们是：分幅量算各乡总图斑面积，用图幅理论面积进行控制和平差；分乡量算各村总图斑面积，用乡平差后的总图斑面积进行控制和平差；分村量算碎部（地类）面积，用村平差后的总图斑面积进行控制和平差。当一幅的各类土地面积全部按规定量算后，就按本图幅由碎部分村逐级向上统计、汇总和校核。当某一乡的有关图幅的面积全部按规定量算后，分地类按行政单位逐级向上统计、汇总量算的结果。简单地说，就是分幅由总体到局部进行控制量算、平差，按行政单位由下而上逐级统计、汇总。面积量算工作的基本程序及其相互关系，如图3-13。

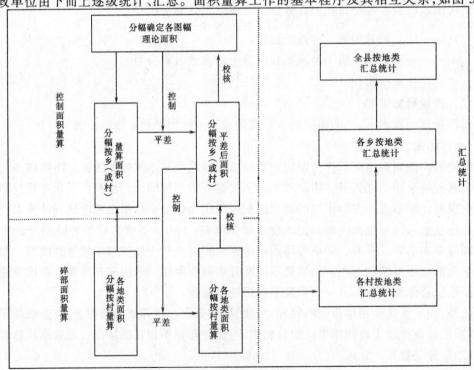

图3-13 面积量算程序框图

县、乡土地总面积，往往分布在较大数量的图幅上，为了便于检查接边，计划工作进度，标明土地调查单位所在图幅间的关系，避免面积量算和汇总过程中因图幅数量太多而出现遗漏或重复，在面积量算前，要预先编制县、乡级图幅控制面积接合图表，如图3-14。

图幅理论面积P_0	经度\纬度	121°00′00″	121°03′45″	121°07′30″	121°11′15″	121°15′00″	121°18′45″	本县横列面积
	51°55′00″	498.8/1496.2	599.3/1395.7				502.0/1493.0	5147.1
1995	52°30′00″			1065.5/929.5	1289.8/705.2	1191.7/803.3		
1996		931.2/1064.8	1423.4/572.6				823.0/1173.0	9165.6
	50°00′00″					1726.5/271.5	737.2/1260.8	7591.9
1998	47′30″		1132.1/865.9		1250.8/749.2			
2000	51°45′00″		450.6/1549.4	682.4/1317.6		452.6/1547.4		2836.4
	本县纵行面积	1430.0	3605.4	5741.9	6534.6	5366.8	2062.2	合计 24740.9

注：图中分子为本县面积，分母为外县面积，单位为公顷。

图 3-14　××县图幅控制面积接合图表

第七节　调查成果的整理

一、面积汇总统计

控制面积和碎部面积量算工作结束之后，应对量算结果进行整理，按系统分级加以汇总统计。汇总过程与面积量算的程序及原则有关。面积量算工作是以图幅为单位开展的，同一级的土地有时分散在相邻的图幅内，在以图幅为控制开展量算，取得每个基本图斑的最可靠面积后，必须将分幅量算的结果汇总成各级土地总面积及各类用地面积。村级分类土地面积汇总，表格以图斑为单位，区分出地类、土地所有制性质、飞地、图斑号和所在图斑号等。填写（整理）出过程应按图幅进行，同一图幅全部图斑整理结束，应与末级控制区总面积进行核对。地类面积统计表和村级各类土地面积汇总表如表3-5、表3-6。

村各类土地面积汇总表（单位：ha）　　　　表 3-5

图幅编号	序号	图斑号	地类名称 地类代码	水浇地 13	菜地 15	果园 21	沟渠 17	……	地类毛面积
村范围合计									
其中：集体所有……									
国有……									

地类面积统计表（单位：ha） 表3-6

图幅编号	序号	单位面积	总面积	耕地					园地				……	合计
				小计	水田	水浇地	旱地	……	小计	果园	桑园	……		
			合计											

村以上各级地类面积汇总统计及土地总面积的统计，由所辖范围内各村及与村同级的末级控制区汇总统计资料为基础逐级加总而成。汇总统计中要注意校核。一方面，同一级各类土地面积之和应与土地总面积之和完全相等；另一方面，应当利用量算过程中作为控制依据的县、乡平差后的面积，作为再一次的校核。这一过程的实现，可以使汇总统计依然贯穿以图幅为基本控制的原则。最后，经汇总统计获得以县为单位土地利用类型统计表和相应的图件。

二、调查成果图件编制

土地利用现状图是将人类对地球表面土地利用的现实状况，分门别类地用各种不同颜色、等级和符号表示的平面图，是土地利用现状调查工作结束需要提交的主要成果之一。

（一）编图的基本要求

目前，土地利用现状图有两类：一类是分幅土地利用现状图，是基本图件，它是在转绘面积量算的工作底图上利用聚酯薄膜经过透绘、整饰编制而成的，与分幅地形图比例尺相同；另一类是行政区域的土地利用现状图（岛图）。《土地利用现状调查技术程规》规定，详查结束应提交县、乡两级土地利用现状图。它们是在分幅土地利用现状图的基础上拼接编绘而成的。

（二）成图比例尺及开幅

乡级土地利用现状图的成图比例尺，一般与调查底图比例尺一致，即农区1:10000、重点林区1:25000、一般林区1:50000、牧区1:50000或1:100000，图面分幅可根据面积大小、形状、图面布置等分为全开或对开两种。县级图除面积较大或形状窄长的县用1:100000比例尺成图外，通常以1:50000比例尺成图且采用全开幅。

（三）图的内容

土地利用现状图上应反映的内容有：各级行政界、各种地类界及符号、线状地物、必要的地貌要素等。为使图面清晰，等高线应尽可能少绘，平原地区适当注记高程点，丘陵山区只绘计曲线，行政区域的土地利用现状图一般需要着色。在专题地图上运用颜色的变化表示各种现象，可以使主题突出、内容丰富、明显易读。

（四）编辑制作

专业地图的制作，一般分为三个阶段，即编绘草图阶段、编绘原图阶段和清绘原图阶段。

编绘草图也称作者原图，其来源有的是在野外调查填图的基础上，经过制图综合，缩编而成的；还有是在遥感资料判读解译的基础上，所勾绘的线划图。对编绘草图应注重专题内容的正确性，包括有分类、分级的科学性，专题内容合适的选取与概括，专题内容和地理要素的关系与协调等。

编绘原图是在编绘草图的基础上进行正式编绘，按统一的原则和要求，进行专门要素的分类、分级、图例设计、彩色普染、图面整饰等工作，最终完成编绘原图。在此项工作中，应注意提高地图的表示能力和客观效果。

由于土地资源编绘原图多是未经训练的专业技术人员所绘制，其描绘整饰质量难以达到出版要求，因而需要对其进行清绘或刻绘成清绘原图，才能正式交付制版印刷。

三、调查报告的编写

土地利用现状调查报告是在深入研究、综合分析调查成果的基础上编写的，是将调查成果的实际应用所作的文字说明。调查报告应做到全面系统、重点突出、数据可靠、论据确凿、图文并茂、文简意丰，并要注意法定计量单位的统一和前后数据的一致。

（一）编写要求

1．乡级要编写土地利用现状调查说明书，县级要编写调查报告。

2．县级调查报告应着重归纳土地利用现状调查的成果，分析土地利用的特点，并从宏观上提出开发、利用、整治、保护土地的意见。

3．调查报告应内容充实，文句通顺，尽量做到文、表、图并茂。

（二）乡级调查说明书的内容

主要叙述全乡概况，各类土地面积及分布状况，利用特征及问题，土地权属问题等。文后附调查人员名单及在调查中承担的任务。

（三）县级土地利用现状调查报告的内容

1．自然与社会经济概况　包括调查区的地理位置、气候、土壤、地貌、植被、水文、地质等自然条件，调查区内乡（镇）、村、国营农、林、牧、渔场、工矿交通等用地单位的分布，各类用地面积所占比重，人口、劳力、人均耕地、农业生产水平、人均收入水平等社会经济概况，以及行政区划、本县行政区的历史沿革。

2．调查工作情况　包括调查工作的组织领导，调查队伍的组建与培训，工作计划与方法，执行规程的情况，技术资料的收集与应用，经费的筹集与使用，调查工作经验与存在问题等。

3．调查成果及质量分析　主要包括：各项调查成果名称并简介其内容；对土地利用调查及土地权属调查结果的分析，如各类土地的比重与分布、地界的调绘与补测等；对各项调查成果质量的评价；存在的问题及产生的原因等。

4．土地利用经验、问题和建议　通过现状调查分析，找出本地区在土地利用中所取得的经验及所产生的问题，为本地区今后在合理利用土地，提高土地生产率和科学运用行政、经济、法律等管理手段上，提出科学合理的意见和建议。

第八节　检　查　验　收

一、检查验收制度

为了保证土地利用现状调查成果质量，必须建立严格的检查验收制度。土地利用现状调查的成果实行三级检查二级验收制度。

三级检查：

1．作业组对调查成果的自查互检，自查是作业期间随时随地进行的，发现问题及时处理，把质量问题消灭在作业第一线。互检是在作业组间进行的，每完成一道工序任务，经自查互检无误后，及时报请县进行检查。

2．县检查组对各作业组随时进行抽查，并要分段进行全面检查将错误尽可能在各个调查阶段得到解决。

3．省、地（市）在县级检查的基础上，对内、外业成果的各道工序进行抽查。

二级验收：

1．在三级检查的基础上，县技术指导对作业组的各项成果，先外业后内业进行初步验收，各作业组必须对县验收中提出的问题和修改意见进行认真处理、修正，直至各项成果达到县级初步验收合格为止。县级初步验收合格后，报省主管部门派检查组检查验收。

2．省检查验收组可以由省、地派人组成联合检查组，对县级成果进行省级验收。

二、检查验收标准与步骤

（一）检查验收标准

土地利用现状调查成果的检查验收必须以《土地利用现状调查技术规程》及其补充规定的各项规定为准。凡按规程进行调查，作业项目达到规定精度要求的成果都为合格成果。

（二）检查验收步骤

首先对各调查工序作业成果进行自检，正确无误后，作业组进行互检。经自检互检合格后，由县检查组对各工序作业组成的调查成果进行检查验收，每道工序的检查结果均应检查记录，对检查发现和提出的各种问题，作业人员应认真处理。在全部工序完成后，由县技术指导组进行全面检查，并整理好调查的全部成果资料及各阶段的检查验收记录，写出成果检查验收总结，连同调查成果一并报省（自治区、直辖市）土地管理部门。省级土地管理部门在初步审核认定可以进行验收后，即组织检查验收人员赴县，对调查成果进行检查验收。

国家土地管理局和全国土地资源调查办公室可组织全国土地利用现状调查技术指导组成员对各省检查验收的成果进行抽查。

三、检查验收的内容与方法

由于各地使用图件资料和作业方法的差异，检查验收的内容和方法亦不尽相同。一般可分为外业调绘与补测、航片转绘、面积量算、统计汇总、图件绘制、调查报告和档案材料整理等项目进行检查验收。其具体内容与方法如下：

（一）外业调绘与补测的检查

在对全县各外业检查进行审查的基础上，随机抽取分布均衡的全县总图幅数的5%～10%图幅的调绘航片和相应的外业调查手簿，在室内进行作业面积及接边的检查、图面检查和外业调查手簿的查对；然后，再从各图幅中选一定数量的调绘航片和相应的外业调查手簿，确定其检查路线，到实地检查核对。每幅图安排一个检查组，每组的检查内容包括：土地权属界线的调绘检查（检查权属界线2km以上及拐点4个以上；审核一个权属界线协议书）；地类的调绘补测检查（实地核实100个以上地类的界线及符号注记，实丈10条以上线状地物的宽度，实测5个以上零星地类面积以及核对外业调绘手簿）。

（二）航片转绘的检查

在检查转绘方法，作业过程及审查转绘检查记录的基础上，随机抽选4幅以上外业及转绘成果资料，每幅抽选1～2张调绘航片进行转绘检查。检查10个以上图斑或50个以上特征点，4幅图中至少20个以上权属界址拐点。用各检查的点位误差计算中误差，衡量其转绘精度。

（三）面积量算的检查

在审查全县各阶段面积量算作业检查记录的基础上，对面积量算成果进行检查。面积量算检查包括控制面积、碎部面积、平差计算、量算精度、量算记录及汇总表。每县至少抽查100个图斑和100条线状地物。

（四）图件绘制的检查

图件绘制检查包括县、乡土地利用现状图的检查和土地权属界线图的检查，检查时按各自绘制要求，对数学基础、成图方法及精度、图面表示、图件整饰等逐项进行检查。

（五）调查报告的审阅

按《土地利用现状调查技术规程》第34条的要求，调查报告是否内容真实和准确，层次清楚，是否反映本地特色，文字要简练。

（六）档案材料整理工作的检查

档案材料整理工作的检查内容主要是档案材料是否齐全，分类编目是否统一、合理，案卷是否填写清楚等。

四、成果质量评价方法

成果质量评价采取计算质量合格率的方法进行，凡合格率在80％以上者为合格，低于80％者为不合格，其方法如下：

（一）外业成果评价

外业成果分四个单项计算合格率，即：土地权属界调绘补测（30％）；地物、地类调绘补测（40％）；调绘接边（10％）；外业手簿（20％）。先计算单项合格率，然后计算总评合格率。

县对作业组成果检查，省对县成果检查，其任何一个单项合格率低于80％者，均应退回被检查单位返工补课。省对县成果检查时，在应检图幅中，经外业检查若一单项合格率低于80％时，可在样本附近再抽出同等大小的样本对该单项进行扩大检查。扩大后单项合格率（两个样本统算）仍达不到合格标准时，再退回县对该单项返工补课。在所检图幅中，若发现有三个以上（含三个）单项合格率低于80％，应停止外业检查，由县全面返工补课。

（二）航片转绘成果评价

转绘成果分转绘内容和转绘精度两项进行评价。两个单项成果合格率计算以后，可按转绘内容和转绘精度各50％的比重计算总评合格率。

（三）面积量算成果评价

面积量算成果先按控制面积量算（40％）、碎部面积量算（40％）、面积汇总统计（20％）三个单项计算合格率，再计算总评合格率。

（四）图件成果评价

图件成果先按分幅土地利用现状图（40％）、县土地利用现状图（20％）、乡土地利用现状图（20％）、分幅土地权属界线图（20％）四个单项计算合格率，再计算总评合格率。

（五）调查报告评价

调查报告内容齐全，进行一般论述为合格，其合格率为80％~85％；内容客观实际且有本地特色的,其合格率为 85%~90%;报告立意新颖,对当地国民经济发展有重大影响的合格率可高 90%。

(六)档案材料整理评价

从材料齐全、分类编目统一、案卷填写清楚三个方面进行评述。基本符合要求,合格率为 80%~85%;完全符合要求,合格率为 85%~90%;有创新的合格率可高于 90%。

(七)县级成果综合评价

县级成果综合评价是对县级成果的总评,以质量总评合格率为评价依据,总评合格率为 80%~90%、85%~90%、大于 90% 分别评定为合格、良好、优良三个等级。

五、编写检查验收报告

县级调查成果经省(地)检查合格验收后,由省(地)写出检查验收报告,对成果质量给予全面鉴定,并由省土地管理部门向县颁发质量合格证书。检查验收报告主要内容有:

1. 参加检查验收人员、检查时间和检查方法。
2. 单项、总评合格率及综合评价等级。
3. 不合格部分的主要问题类型、性质、数量及处理结果。
4. 对成果今后利用的意见及建议。

第九节 汇总整理

根据《技术规程》和补充规定要求,在县级土地利用现状调查完成后需自下而上逐级进行地(市)级、省(区)和国家级土地利用现状调查汇总(简称"汇总")工作。各级汇总工作主要包含数据、图件、文字三部分内容。

一、汇总的任务和要求

(一)任务

土地利用现状调查各级汇总是在全国审查县级土地详查成果的基础上,经过分析、综合,按照科学的方法分别准确汇总出各地(市)、省(区)辖区内以及全国的各类土地面积、分布、权属和利用现状,并对土地利用现状做出科学的分区,探寻进一步合理利用土地资源的途径及应采取的措施。

(二)各级汇总工作的开展条件

土地利用现状调查各级汇总工作的开展,一般要具备以下条件:县级土地详查成果已全部完成并通过了省级土地管理部门的验收,验收中发现的各类问题已得到处理;地(市)级、省(区)级辖区内各级境界线接边,图幅理论面积和控制面积核检工作已全部完成并无遗留问题;与相邻地(市)或与相邻省(区)间境界线接边,图幅现状面积和控制面积,以及国界均已核检完毕;国家级汇总时,各省(区)级汇总工作已全部完成并验收合格,验收中发现的各类问题已得到处理。

(三)各级汇总工作的基本原则与要求

各级汇总工作均应遵循数出有据、图出有源、文字报告内容翔实,图文表并茂,体现成果的科学性、完整性和实用性的基本原则。对数据汇总,要严格保证汇总数据的准确性,任何单位和个人不得修改。对辖区各级详查成果,要严格按照《土地利用现状调查技术规程》及其他有关规定进行全面核检，凡不符合要求的成果必须处理。地（市）级汇总图件末级境界线表示到乡（镇），数据汇总末级统计单位到乡（镇）；省级和国家级汇总表、统计到县。

二、汇总工作的程序步骤

各级汇总工作一般按以下程序步骤进行，如图3-15。

（一）准备工作

编制汇总实施方案；建立各级汇总工作领导小组，成立汇总专业班子；全面收集相应的县、地（市）、省（区）级土地详查的数据、图件、文字成果等资料；添置汇总工作所必须的仪器设备；结合本地（市）、省（区）的实际制定补充规定或其他技术性文件。

（二）检查基础资料与接边

核检分析土地利用现状调查成果资料及自然、社会、经济等资料的可利用程度和可靠程度；对各级境界线的接边进行核检；编制各级图幅理论面积与控制面积接合表，核检控制面积数据。

（三）调查汇总

数据汇总、图件汇总、字文汇总。

（四）撰写报告（初稿、修改）。

（五）上报成果资料、建立档案。

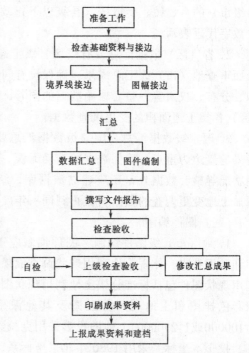

图3-15 土地利用现状调查各级汇总程序图

三、各级汇总的技术要求

（一）接边工作

接边一般包括境界线接边和图幅接边。境界线接边要求全部境界线在规定调查比例尺的同一分幅图号的工作底图（影像平面图或地形图上），所调绘的境界要一致，双方调绘的两张工作底图目视套合不走线，并以符合全国《土地利用现状调查技术规程》要求的由双方县级以上土地管理部门确认的文件和图件为依据。另外，同一分幅图被县级以上（含县级）境界级分割的各部分面积之和与其图幅理论应相等；辖区内各类土地面积总和与其相应的控制面积也应相等。

图幅接边要求相邻图幅间各要素（线状地物、各地类图斑、等高线等）全部相接。要求对于不同比例尺图件的接边，一方面调绘的各级境界线正确无误；另一方面，面积接边时，控制面积以较大比例尺图件上量算的数据为准，而小比例尺图件量算的数据，必须按大比例尺图件上量算的数据进行调整。要求各级汇总，编制接合图表以便复核图幅理论面积与一级控制面积的吻合情况。

（二）数据汇总

1. 地（市）级数据汇总　其任务：一是以县级土地利用现状调查的原始数据为基础，汇总出全地（市）辖区内各类土地面积、分布、权属等一整套原始数据；二是以汇总出的原始数据为基础，按照《日常地辖管理办法（农村部分）》的要求进行土地变更调查，汇总出地（市）级汇总前一年的各类土地面积数据。

数据汇总时，要按规定统一编号排序，县级以上行政划区单位按《中华人民共和国行政区划代码》（GB 2260—91）用6位数字表示。第1、2位表示省（自治区、直辖市），第3、4位表示地区（市、州、盟），第5、6位表示县（区、市、旗）。县级以下（不含县、县级市）的乡、镇、街道按《县级以下行政区划代码编制规则》（GB 10114—1988）用9位数字代码表示。

2. **省（区）数据汇总** 省（区）级汇总直接为国家级汇总提供各项成果资料，要在全面审查地（市）级汇总成果，确保没有问题后进行。在汇总出全省（区）内各类土地面积、分布、权属等一整套原始数据的同时，要汇总出截至同一年度（汇总前一年）的各省（区）各类土地面积的变更调查数据。

3. **国家级数据汇总** 国家级数据汇总要以检查各级境界的接边，特别是省（区）级境界的接边为重点，确保数据的准确无误。除完成全国各类土地的面积、分布、权属和利用状况等整套数据外，还应建立数据库，结合自然社会经济等条件，进行数据的统计分析。土地变更调查的数据要截止到同一年度进行汇总。

（三）图件编制

1. **地（市）级图件编制** 图件编制应正确反映地（市）级区域土地利用现状分布规律和利用特点，体现土地利用现状调查成果的科学性、完整性和实用性。地（市）级土地利用现状图件包括标准分幅土地利用现状图、标准分幅土地利用现状着色图、土地利用现状彩色挂图和土地利用分区图及其他派生图。标准分幅土地利用现状图（比例尺为1:100000或1:250000）上地图投影采用克拉索夫斯基椭球体，高斯-克吕格（等角横切椭圆柱）投影。坐标系采用1980年北京坐标系，高程系采用1985年国家高程基准。采用相应的国家基本比例尺地形图的分幅、编号。成图过程中要求居民点的点位误差不超过±0.1mm，图廓边长误差不超过±0.2mm，对角线误差不超过±0.3mm。图廓边长一般应略小于理论尺寸0.4%~1%，图廓边裁切误差不得大于±0.1mm，拼贴对点误差不超过0.1mm，裂缝、重叠误差不超过0.2mm，直线变形矢长不超过0.2mm。地类图斑最小上图面积指标：居民点及工矿用地、交通用地图上面积2~4mm^2；耕地、园地4~6mm^2；林地、牧草地、未利用土地10~15mm^2；坑塘图上面积大于1mm^2，一般应全取；水库图上面积大于2mm^{2}的依比例尺表示，反之，用符号表示；河、湖、库和海洋中岛屿图上面积大于1mm^{2}的依比例尺表示，反之，用符号表示。

2. **省（区）级图件编制** 省（区）级土地利用现状图件包括1:500000标准分幅省（区）级土地利用现状图和标准分幅土地利用现状着色图。省（区）级土地利用现状图的内容与地（市）级1:100000或1:250000土地利用现状图的内容基本相同，只是末级境界线改为县界。各类图斑的最小上图面积指标基本采用全国《土地利用现状调查技术规程》的规定要求。

3. **国家级图件编制** 国家级土地利用现状图件的编制是在各省（区）图件编制的基础上，系统地编制1:500000标准分幅土地利用现状图。

（四）文字撰写

1. **地（市）级文字撰写** 地（市）级土地利用现状调查文字成果主要包括土地利用

现状调查报告（包括工作报告和技术报告）和土地资源专著两项内容。各地（市）也可以结合当地的社会经济的特点，撰写土地资源及其成果应用等方面的专题报告。

2．省（区）级文字撰写　省（区）级土地利用现状调查文字成果包括《××省（区）土地利用现状调查报告》（含工作报告和技术报告）和《××省（区）土地资源》专著，此外还应全面总结省（区）土地利用现状调查工作及取得的成果（含经验和教训）。

3．国家级文字撰写　国家级土地利用现状调查文字成果包括《全国土地利用现状调查报告》、《中国土地资源》专著和有关专题报告、文字成果中应充分应用土地利用现状调查数据，结合农业、水利、林业等部门的研究成果，全面、系统、深入地论述和阐明我国土地资源历史演变与现状，合理开发利用与保护的具体建议，为国民经济建设服务。

思 考 题

1．什么叫土地利用现状调查？
2．为什么要进行土地利用现状调查？
3．土地利用现状分类应遵循的原则？
4．面积量算的方法及如何选用？
5．土地利用现状调查各级汇总的任务、条件和程序？
6．如何编写土地利用现状调查报告？
7．航片转绘的方法？

第四章 地籍调查

第一节 概　述

一、地籍调查的内容

地籍调查是国家用科学方法，依照有关法律程序，通过权属调查和地籍测量，查清每一宗土地的位置、权属、界线、数量和用途等基本情况，以图、簿示之，在此基础上进行土地登记。地籍调查是土地登记的前期基础性工作，地籍调查成果一经登记后，即具有法律效力，土地登记的内容要求能反映宗地的权属界线，所以必须对每宗土地的界址线有确切的描述和记载。地籍调查的主要内容包括：

（一）土地权属调查

通过对土地权属及其权利所及的界限的调查，在现场标定土地权属界线，绘制宗地草图，调查用途，填写地籍调查表，为地籍测量提供工作草图和依据。

（二）地籍测量

在土地权属调查的基础上，借助仪器，以科学的方法，精确测定每一宗土地界址点的平面位置、形状、面积、地类等地籍要素，然后绘制地籍图，为土地登记提供依据。

地籍测量的内容包括：地籍平面控制测量、地籍细部测量、地籍原图绘制、面积量算。土地权属调查和地籍测量有着密切联系，但也存在本质的区别。权属调查主要是遵循规定的法律程序，根据有关政策，利用行政手段，确定界址点和权属界线的行政性工作；地籍测量则主要是将地籍要素按一定比例尺和图示绘于图上的技术性工作。

由此可见，地籍调查是国家土地调查制度规定的内容之一，是土地管理工作的基础，是土地登记、颁发土地证书的必要程序。地籍调查在土地管理工作中的基础地位，决定了地籍调查工作的必要性和重要性。

二、地籍调查的程序

地籍调查是一项综合性的系统工程，必须在充分准备、周密计划的基础上进行。要结合本地的实际，提出任务，确定调查范围、方法、经费、人员安排、时间和实施步骤。初始地籍调查的实施可大体分为以下四个方面：

（一）准备工作

1. 组织准备　成立地籍调查登记领导小组，制定调查计划，组织调查队伍和人员培训以及开展调查的宣传工作。

2. 资料准备　收集与地籍调查有关的法规、政策和技术文件，收集有关现有测量控制点、大比例尺地形图、航摄资料等图件资料以及其他有关资料。

3. 技术设计　根据调查计划，收集资料，经过实地踏勘，编写出经济合理、符合规程要求的技术设计。主要内容包括：调查区的地理位置和用地特点，权属调查、地籍测量的工作程序、实地方案，地籍控制网坐标系的选择、布设和施测方法与要求，地籍图的规格、比例尺、选用的地籍细部测量的方法；调查成果的质量标准与保证的措施；完成调查的期限和投入的人力设备，并办好技术设计的审批手续。

4．表册、器材准备　按规程要求的统一格式准备所需的表格、簿册，所需的仪器和材料。

5．组织试点　在地籍调查全面开展之前，可先进行小面积试点，通过试点，使调查人员具体掌握调查方法、要求和操作要领，发现问题、总结经验、培训干部，为全面顺利开展地籍调查打下基础。

（二）权属调查

1．制作调查工作用图　其作用是为了按计划正确地指导调查工作，避免调查重复、遗漏现象发生，可采用原有的地籍图、大比例尺地形图或者是按街坊或小区现状绘制的宗地位置关系示意图。

2．发放调查通知　按调查工作计划，分区、分片公告通知或邮送通知单，通知土地使用者按时到现场指界。

3．现场指界　界址调查是权属调查的重点，是关系土地位置及权属范围的确定，是土地使用者最关心的问题。界址的认定必须由本宗地及相邻宗地使用者亲自到现场共同指界，单位使用的土地，须由法人代表出席指界，并出具身份证明和法人代表身份证明书；个人使用的土地，须由户主出席指界，并出具身份证明和户籍簿；法人代表、户主不能亲自出席指界时，由委托代理人指界，并出具身份证明和委托书；共用宗地应委托代表指界，并出具委托书及身份证明，经双方认定的界址，必须由双方指界人在地籍调查表上签字盖章。在规定指界时间，如一方缺席，其宗地界线以另一方所指界线确定；如双方缺席，其宗地界线由调查员根据现状及地方习惯确定，将现场调查结果以书面形式送达缺席者，如有异议，必须在15日内提出重新划界申请，并负责重新划界的全部费用，逾期不申请的，则认为确界生效。有争议的界址，调查现场不能处理时，送登记办公室处理。

4．设置界址标志　在无争议的界址点，设置界址点标志。界址点标志可分为：混凝土界标、带铝帽的钢钉界标、带塑料套的钢棍界标桩和喷漆界址标志。

5．绘制宗地草图　宗地草图是描述宗地位置、界址点和线以及相邻宗地关系的实地记录，是恢复界址点位置，处理土地权属纠纷，变更地籍调查的原始资料。也是地籍细部测量和校核宗地的几何图形关系、边长、面积计算的原始数据。

宗地草图的内容包括：本宗地、邻宗地的地籍号、使用者名称、门牌号，本宗地界址点（含相邻宗地在本宗地界址边上的界址点）、点号、界址线、界址边长、界址点与相邻地物的相关距离，可量取的宗地图形的条件距离，确定各界址点位置、界址边方位所必须的建筑物和构筑物，丈量者、丈量日期。

每宗地（含共用宗地）绘制一份宗地草图，图纸规格可为32开、16开或8开，按概略比例尺用2H~4H铅笔绘制；数字注记的字头要向北向西书写，名称注记字头向北，界址点用黑圆点表示；图形的条件距离、界址边长注在界址线外，分段长注在界址线内，注记过密的部位可放大表示。宗地草图必须在实地绘制，一切数字注记必须实地用经过鉴定的钢卷尺丈量，两次丈量差应符合规定要求，长于200m的界址边长允许以解析坐标反算边长为准。宗地草图如图4-1。

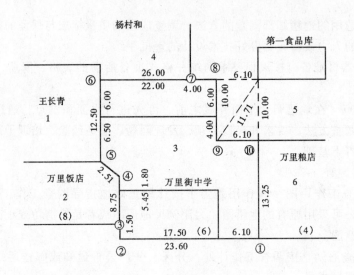

图 4-1 宗地草图

①本宗地相邻界址点间距总长注在界址线外,分段长注在界址线内;
②1、2、3为宗地号;(4)、(6)、(8)为门牌号;①、②、③为界址点号

6．填写地籍调查表 每一宗地填写一份地籍调查表,必须做到图表与实地相一致,各项目填写齐全、准确无误,字迹清楚整洁。地籍调查表如表4-1。

地 籍 调 查 表   表 4-1

初始、变更

土地使用者	名　称						
	性　质						
	上级主管部门						
	土地坐落						
	法人代表或户主			代　理　人			
	姓　名	身份证号码	电话号码	姓　名	身份证号码	电话号码	
	土地权属性质						
	预编地籍号			地　籍　号			
	所在图幅号						
	宗地四至						
	批　准　用　途		实　际　用　途		使　用　期　限		
	共有使用权情况说　　明						

界址标示										
界址点号	界标种类				界址间距(m)	界址线类别		界址线位置		备注
	钢钉	水泥桩	石灰桩	喷涂		围墙	墙壁	内	中	外

续表

界　址　线		邻　宗　地			本　宗　地		日期
起点号	终点号	地籍号	指界人姓名	签章	指界人姓名	签章	

界址点调查员姓名

权属调查记事及调查员意见：

调查员签名　　　　　　　　日期

地籍勘丈记事：

勘丈员签名　　　　　　　　日期

地籍调查结果审核意见：

审核人签名　　　　　　　　审核日期

填表说明

1．变更地籍调查时，将原使用人、土地坐落、地籍号及变更之主要原因在此栏内注明。

2．宗地草图：对较大的宗地本表幅面不够时，可附加页绘制附在宗地草图栏内。

3．权属调查记事及调查员意见：记录在权属调查中遇到的政策、技术上的问题和解决方法；如存在遗留问题，将问题记录下来，并尽可能提出解决意见等；记录土地登记申请书中有关栏目的填写与调查核实的情况是否一致，不一致的要根据调查情况作更正说明。

4．地籍勘丈记事：记录勘丈采用的技术方法和使用的仪器；勘丈中遇到的问题和解决办法；遗留问题并提出解决意见等。

5．地籍调查表结果审核意见：对地籍调查结果是否合格进行评定。

6．表内其他栏目可参照土地登记申请书中的填写说明填写。

（三）地籍测量

地籍测量应以《城镇地籍调查规程》为依据，在权属调查完成的基础上进行，精确测量每一宗土地界址点的平面位置、形状、面积、地类等地籍要素。获得符合实际状况的地籍勘丈成果，经审核批准依法登记后具有法律效力，为土地管理工作提供法律依据。地籍测量应遵循"先整体后局部"、"先控制后细部"的原则，其内容包括：

1．地籍平面控制测量　地籍平面控制测量包括基本平面控制测量和图根控制测量，基本平面控制包括：国家或城市二、三、四等平面控制网；一、二级小三角（边）网（锁）；一、二级导线网，以及相应等级的GPS网点。图根控制分为一、二级图根导线网和图根小三角以及各种交会。地籍平面控制点是地籍勘丈的基础，它的布设应遵循从整体到局部、逐级控制的原则。首级控制应覆盖城镇中、长期规划区，根据城市规模，各级基本平面控制均可作为测区的首级控制；在基本平面控制的基础上，根据地籍细部测量的需要，布设图根控制。

2．地籍细部测量　地籍细部测量的内容是测定权属界址点的平面位置和其他必需的地籍要素及主要的地理要素。常用的方法有解析法、部分解析法、图解法。所有界址点都用实测元素按相应公式解算坐标，称为解析法，是最精确的细部测量方法。全部街坊外围界址点和部分街坊内部明显界址点用实测元素按相应公式解算坐标，其余界址点用图解方法确定其平面位置,称为部分解析法,这种方法测定街坊外围界址点的精度应符合解析法测定界址点的要求。所有界址点都依据勘丈值用图解法测定,称为图解法,一般用于测区面积不大或已有大比例尺现状地形图,且都是技术或物质条件不足的地区。

3．基本地籍图的绘制　基本地籍图按 40×50（cm^2）或 $50cm \times 50cm$ 分幅,分幅编号按图廓西南角坐标数(整10m)编号, x 坐标在前, y 坐标在后,中间用短线连接,图名用图幅内最大宗地单位名称。地籍图成图比例尺一般为 1:500 或 1:1000,城镇采用 1:500,独立工矿和村庄可采用 1:2000。地籍图主要内容有：各级行政界线,测量控制点,区、街道、街坊编号和宗地编号,宗地界址点及界址线,街道名称、门牌号码,单位名称,河流、湖泊及其名称,必要的建筑物,构筑物,地类号,宗地面积等。

基本地籍图分地籍铅笔原图和着墨底图,分别选用厚度为 0.1mm、0.07mm 并经热处理的透明薄膜作底图,其变形率应小于 0.2‰。随着科学技术的发展,计算机绘制地籍图在我国土地管理中广泛应用。

4．面积量算、汇总统计　不同的勘丈方法,其面积量算的方法也有所不同。

(1) 解析法　宗地、街坊面积均用解析坐标法计算,用街坊面积检核街坊内宗地、其他区块面积之和。计算公式为：

$$\left. \begin{array}{l} S = \frac{1}{2} \sum_{i=1}^{n} x_i(y_{i+1} - y_{i-1}) \\ S = \frac{1}{2} \sum_{i=1}^{n} y_i(x_{i-1} - x_{i+1}) \end{array} \right\} \tag{4-1}$$

式中　S——宗地面积;
　　　(x_i, y_i)——宗地第 i 个界址点的坐标;
　　　n——宗地界址点个数。

(2) 部分解析法　街坊面积用解析坐标法计算,然后用街坊面积控制街坊内宗地、其他区块面积之和,其较差小于图解面积之和的 1/200 时,按图解面积比例平差后计算各宗地面积、其他区块面积。注意完全用实测数据计算规则图形的宗地面积,不参加平差。

(3) 图解法　用图解法量算图幅内各街坊和街坊外其他区块面积,用图幅理论面积检核图幅内街坊与其他区块面积之和,其较差小于图解面积之和的 1/400 时,按图解面积比例平差,获得图幅内街坊与其他区块面积,并以此检核街坊内图解法量算宗地、其他区块面积之和,其较差小于图解面积之和的 1/100 时,按图解面积比例平差后计算各宗地面积、其他区块面积。

凡用图解法量算面积时,应在地籍原图上独立量算两次,其限差 ΔS 为：

$$\Delta S \leqslant 0.0003M\sqrt{S} \tag{4-2}$$

式中　S——量算面积（m^2）;
　　　M——原图比例尺分母。

在检查原始面积量算成果无误的基础上,编制以街道为单位的宗地面积汇总表,并将宗地面积注记到原图上。在宗地面积汇总基础上,逐级编制城镇土地分类面积统计表。

(四) 成果整理与检查验收

地籍调查工作完成后，按规定要求编地籍调查技术总结和地籍调查工作报告，将调查过程中直接形成的文字、图、表册，立卷归档管理。并按《城镇地籍调查成果的检查验收办法及其评定标准》对地籍调查成果进行检验和质量评定。

地籍调查工作程序和内容，如图 4-2 所示。

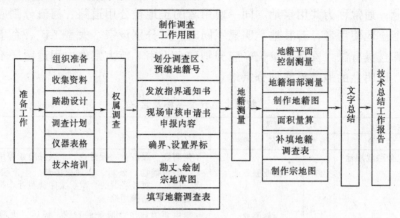

图 4-2　地籍调查工作程序框图

第二节　权　属　调　查

一、权属调查的概念

权属调查是对土地权属单位的土地权源及其权利所及的位置、界址、数量和用途等基本情况的调查。在城镇，权属调查是针对土地使用者的申请，对土地使用者、宗地位置、界址、权属和用途等情况进行实地核定、调查和记录的过程。调查成果经土地使用者认定，为地籍测量、权属审核和登记发证提供具有法律效力的文书凭据。界址调查是权属调查的关键，权属调查是地籍调查的核心。

二、权属调查的内容

1．宗地位置　指宗地所在区、街道、门牌号及四至。

2．界线　指宗地的权属界线，即界址点及其间的连接直线为权属界线。界址线除部分以曲线形地物（如河岸）为界线外，大多数以界址拐点的连接直线为界。

3．权属状况　指权属性质和权源。城市市区的土地属于国家所有，单位和个人只有使用权；村庄和城市郊区的土地，除法律规定属国家所有的以外，属集体所有，集体单位和个人只有使用权。

4．使用状况　土地用途、土地等级、共用情况等。(1) 土地用途，按《城镇地籍调查规程》规定的分类体系中的二级类别加以确定，分类体系如表 4-2。一宗地内有不同类别的用地，如工厂内有居住区，对外营业的商业区及其他第三产业用地等，应将其面积尽可能调查清楚。对于为多层建筑物的宗地，应以其主体建筑主要使用功能确定其用途类别。(2) 土地等级，依据城镇土地分等定级结果加以确定。(3) 共用情况，一宗地分为几个权属单位共同使用，如权属单位间土地利用界线清楚，可在宗地范围内标出界线，如用地界线不能清楚划分，则可按各权属单位建筑物、构筑物的占地面积分摊土地面积。

三、权属调查的单元

宗地是地籍调查的基本单元。凡被界址线所封闭的地块称为一宗地。一般，一宗地内有一个权属单位。一个地块内由几个土地使用者共同使用，而其间又难以划清权属界线的也称一宗地，通常称为共用宗地。同一使用者的土地被公用道路、河流分割应划分若干宗地。同一个土地使用者，若其地类明显不同时，可分别设宗。大型工矿、企事业单位内经济独立核算且具有法人资格的单位，应分别独立设宗。特大宗地内用途明显不同且面积较大的地块，以明显的地类界线划分宗地。

城镇土地分类名称及含义　　　　　　　　表 4-2

一级类别		二级类别		含　义
编号	名　称	编号	名　称	
10	商业金融业用地			指商业、服务业、旅游业、金融保险业等用地
		11	商业服务业	指各种商店、公司、修理服务部、生产资料供应站、饭店、旅社、对外经营的食堂、文印誊写社、报刊门市部、蔬菜购销转运站等用地
		12	旅游业	指主要为旅游业服务的宾馆、饭店、大厦、乐园、俱乐部、旅行社、旅游商店、友谊商店等用地
		13	金融保险业	指银行、储蓄所、信用社、信托公司、证券兑换所、保险公司等用地
20	工业、仓储用地			指工业、仓库用地
		21	工业	指独立设置的工厂、车间、手工业作坊、建筑安装的生产场地、排渣（灰）场地等用地
		22	仓储	指国家、省（自治区、直辖市）及地方的储备、中转、外贸、供应等各种仓库、油库、材料堆场及其附属设备等用地
30	市政用地			指市政公用设施、绿化用地
		31	市政公用设施	指自来水厂、泵站、污水处理厂、变电所、煤气站、供热中心、环卫所、公共厕所、火葬场、消防队、邮电局（所）及各种管线工程专用地段等用地
		32	绿化	指公园、动植物园、陵园、风景名胜、防护林、水源保护林以及其他公共绿地等用地
40	公用建筑用地			指文化、体育、娱乐、机关、科研、设计、教育、医卫等用地
		41	文、体、娱	指文化馆、博物馆、图书馆、展览馆、纪念馆、体育场馆、俱乐部、影剧院、游乐场、文艺体育团体等用地
		42	机关、宣传	指行政及事业机关，党、政、工、青、妇、群众组织驻地，广播电台、电视台、出版社、报社、杂志社等用地
		43	科研、设计	指科研、设计机构用地，如研究院（所）、设计院及其试验室、试验场等用地
		44	教育	指大专院校、中等专业学校、职业学校、干校、党校、中、小学校，幼儿园、托儿所、业余、进修院校，工读学校等用地
		45	医卫	指医院、门诊部、保健院（站、所）、疗养院（所）、救护、血站、卫生院、防治所、检疫站、防疫站、医学化验、药品检验等用地
50	住宅用地			指供居住的各类房屋用地
60	交通用地			指铁路、民用机场、港口码头及其他交通用地
		61	铁路	指铁路线路及场站、地铁出入口等用地
		62	民用机场	指民用机场及其附属设施用地
		63	港口码头	指专供客、货运船舶停靠的场所用地
		64	其他交通	指车场站、广场、公路、街、巷、小区内的道路等用地

续表

一级类别		二级类别		含 义
编号	名　称	编号	名　称	
70	特殊用地			指军事设施、涉外、宗教，监狱等用地
		71	军事设施	指军事设施用地，包括部队机关、营房、军用工厂、仓库和其他军事设施等用地
		72	涉外	指外国使领馆、驻华办事处等用地
		73	宗教	指专门从事宗教活动的庙宇、教堂等宗教自用地
		74	监狱	指监狱用地（包括监狱、看守所）、劳动场（所）等用地
80	水域用地			指河流、湖泊、水库、坑塘、沟渠、防洪堤防等用地
90	农用地			指水田、菜地、旱地、园地等用地
		91	水田	指筑有田埂（坎）可以经常蓄水，用于种植水稻等水生作物的耕地
		92	菜地	指种植蔬菜为主的耕地，包括温室、塑料大棚等用地
		93	旱地	指水田、菜地以外的耕地（包括水浇地和一般旱地）
		94	园地	指种植以采集果、叶、根、茎等为主的集约经营的多年生木本和草本作物，覆盖度大于50%或每亩株数大于合理株数的土地，包括树苗圃等用地
100	其他用地			指各种未利用土地、空闲地等其他用地

四、宗地和界址点编号

为进行地籍调查，宗地要进行编号，一般城镇以镇为单位，按街坊、宗地两级编号；较大城市以行政区为单位，按街道、街坊、宗地三级编号。宗地号在地籍图上统一自左到右，自上而下，由"1"号开始顺序编号。同一街道、街坊、宗地被两幅以上基本地籍图分割时，应该注同一地籍号。

地籍调查人员根据指界认定的宗地界址范围，在界址线的相应位置设置界址点。界址点编号方法有三种，即按宗地、图幅、地籍街坊为单位进行编号，在实际工作中，不论这三种方法中的哪一种，都是从西北角的界址点开始，由"1"号开始，自左到右，自上而下，顺序编号。

五、界址点实地位置的确定

确定界址点实地位置时，一般应注意以下几点：

1．沿街（路）用地界线以实际使用的合法围墙或房墙外侧为界（有墙垛的为其外侧连线），弄（巷）通道两侧建筑物用地原则上按现有界标物为准，当相邻界标物拐点间距小于10cm时，可以外侧拐点为界址点。为便于通行，单位门口围墙内折八字形通道用地部分，可确定给该土地使用单位。向外伸出墙基线的台阶等构筑物用地一般不确定给该土地使用者。临街（巷）有落地支撑构筑物的晒台，以其落地构筑物基脚确定界址点。

2．界址是使用土地的权属范围，有时不一定与建筑物或构筑物占地范围重合。如围墙外护沟往往也属于使用土地，应根据权源资料确定界址。

3．墙体是宗地间的界标物时，应明确墙体用地的权属，要注意其宗地间公用界址点的准确定位。

4．宗地间界标物间隔1m以内的非通道夹巷一般应以双方各半确权。宗地间面积小于10m^2或不能辟为独立建筑用地的非公共通道的空间地，可通过协商，尽量划给相邻宗地。

5．土地使用权证明文件上四至与实际用地界线一致，但实际使用与批准面积不一致，按实际四至确定界址。

6. 在建工程项目用地界址，以规划部门规定的红线内侧确定或暂不确定，待竣工后一个月内再正式办理变更调查时确定。

7. 房产开发公司已售出商品房，一般以实际建筑占地分摊（含自行车房等）面积，确定购房者的土地使用权。未建成或建成后未出售的房屋用地，按征地面积确权在房产开发公司，待出售后，再办理变更调查手续。

8. 共用宗内部各自独立使用和共用的院落、过道、客堂、楼梯用地界线的拐点不设置界标，但要丈量距离，以便按建筑占地面积比例或协议分摊面积。

9. 农户宅基地原则上按实际使用范围或按县级政府规定的范围确定界址，超过标准面积在审批表备注栏内说明，必须防止以建筑占地面积代替宅基地面积。

10. 无房屋产权证明的临时建筑占地，根据不同的占地时间和不影响市政规划、建设、交通的情况，经规划部门同意，确定其暂时使用土地的界线。

第三节 变更地籍调查

在完成初始地籍调查后，为适应日常地籍管理的需要，使地籍资料保持现势性而进行的土地权属及其界址点线的变更调查，称为变更地籍调查。

一、变更地籍调查的准备

土管部门根据变更土地登记申请，应及时组织变更地籍调查工作。调查前，应做好准备工作。

1. 根据变更登记申请者所在的宗地位置，收集下列有关资料：（1）变更土地登记申请书；（2）原有地籍图的复印件，其范围应包括本宗地以及与本宗地各界址点相邻的其他界址点；（3）本宗地及邻宗的原有地籍调查表的复印件；（4）有关界址点坐标；（5）必要的变更数据的准备；（6）变更地籍调查表；（7）本宗地附近测量控制点成果。

2. 准备好调查所用的工具、文具、仪器等。

3. 发送变更地籍调查通知书。

二、变更地籍实地调查

变更土地登记申请者接到通知书后，应在实地分割界址点或自然变更界址点上设立界址点标志，地籍调查员携带好有关资料和仪器到现场进行实地调查。

（一）变更土地权属调查

权属调查时，应首先核对申请者、代理人的身份证明及申请原因，项目与变更申请书是否相符，检查恢复原界址位置，界址变更必须由变更宗地申请者及相邻宗地使用者亲自到场共同认定、设置界标，并在变更地籍调查表上签名盖章。如碰到疑难或重大问题时，留待以后研究处理，待有了结果再修改地籍资料。

（二）变更地籍测量

变更地籍测量是在变更权属调查基础上进行的，不更改界址点的土地所有权、使用权的变更地籍调查，一般可只进行权属调查。当宗地发生合并、分割、边界调整的地籍调查；图幅或街坊内界址变更面积超过二分之一的基本地籍图更新；用解析坐标恢复界址点位置；未建立初始地籍地区发生个别宗地的征用、划拨、出让、继承、交换、出租、边界调整等情况下，需进行变更地籍测量。变更地籍勘丈一般采用解析法，暂不具备条件的，可采用不低于原勘丈精度的方法，无论采用何种方法，均以地籍平面控制点为依据，必要时，须检查、恢复、加密所需等级的地籍平面控制点。

三、变更地籍资料的要求

变更地籍调查后，必须对有关地籍资料做相应的变更，不仅使之与实地保持一致性，而且也使各地籍资料之间有关内容保持一致。

（一）宗地号、界址点号的变更

对宗地因分割或合并的宗地编号，可按下列方法进行：

1．宗地第一次分割后的各宗地以原编号的支号顺序编列，分割后的宗地发生第二次分割，则分割后的各宗地编号按原分割支号后顺序编号。

2．数宗地合并时使用其中最小宗地号。其余宗地号一律不得再用。对于界址点号的变更处理是：旧界址点废弃后，该点在街坊内统一的编号永远消失，不复再用。新的界址点赋予新号。

（二）宗地草图的变更

外业时，应把变更内容用红色记录在原宗地草图的复制件上。废弃的界址点用红色⊗表示，废弃的界址线用红色×标记在线上，作废的数字上用红细线划去，但仍应保持原数字清晰可辨。新的界址点用红○表示，新的界址线用红实线表示，争议界线用红色虚线表示，新的勘丈值，用红色标记在图上相应位置处。

（三）地籍调查表的变更

新的变更地籍调查表，在现场调查时填写，并由有关人员签章认可。

（四）地籍图的变更

铅笔原图作为原始档案，不做改动，地籍图内容变更在二底图上进行。发生变更时，先将二底图复制一份作为历史档案保存备查；然后根据变更测量成果及新的宗地草图修改二底图的有关内容。

（五）宗地图的变更

按新的宗地草图或地籍图绘制新的宗地图，旧的宗地图归档保存。

（六）宗地面积的变更

对于宗地面积的变更，应以新的较精确的宗地面积取代旧的精度较低的面积值。如果新旧面积精度相当，且其差值在限值内，则仍保留原面积。

（七）界址点坐标的处理

如果原地籍资料中没有该点的坐标，则新测的坐标直接作为重要的地籍资料保存备用。如果旧坐标精度较低，则用新坐标取代原有资料，在界址点坐标表中，用红色划去废弃的数据，写上新的数据，并宜在旁注上日期及工作人员的签名。如果新测坐标值与原坐标值的差数在限差之内，则保留原坐标值，新测资料归档备查。上述变更地籍调查工作都完成后，才可履行变更土地登记手续，在土地登记卡中填写变更记事，然后换发土地证书。

思 考 题

1．我国现行地籍调查应包括哪些内容？

2．地籍调查的程序？

3．简述土地权属调查的意义和内容？
4．城镇土地分类的含义？
5．为什么要绘制宗地草图？它包括哪些内容？
6．什么叫宗地？宗地及其界址点编号的方法是什么？
7．什么叫地籍图？主要包括哪些内容？
8．变更地籍调查与初始地籍调查有何区别？

第五章 土地利用动态监测

第一节 土地利用动态监测的内容

一、土地利用动态监测的作用

土地利用是一种社会经济现象，是人们根据土地的特性和人为干预所决定的土地功能。本质是指人与土地的内在联系。在人地关系中，人是主体，是主导的、能动的起决定作用的因素。人的主导作用决定着人地关系的性质及其发展趋势，包含了人对土地的积极开发利用与改造，也包含受当前利益的驱使，对土地的过度开发与不合理利用，造成土地退化和环境恶化。而作为国家管理措施之一的土地管理，对于不合理的开发、利用行为，需要及时地发现，并采取必要措施及时加以制止。完成这种管理职能的重要手段便是开展土地利用状况动态监测，只有这样，才能更好地巩固和发展与社会制度相适应的土地制度、有利于充分合理利用土地资源、最大限度地保护人类赖以生存的耕地。

土地利用动态监测是指运用遥感技术和土地调查等手段和计算机、监测仪等科学设备，以土地详查的数据和图件作为本底资料，对土地利用的时空动态变化进行全面系统地反映和分析的科学方法。具有以下特点：1．监测成果的多样性；2．监测体系的层次性；3．技术要求的区域性；4．技术手段的综合性。

土地利用动态监测的作用主要有：1．保证土地利用有关数据的现时性，保证信息能不断得到更新；2．通过动态分析，揭示土地利用变化的规律，为宏观研究提供依据；3．能够反映规划实施状况，为规划信息系统及时反馈创造条件；4．对一些重点指标进行定时监控，设置预警界线，为政府制定有效政策与措施提供服务；5．及时发现违反土地管理法律法规的行为，为土地监察提供目标和依据等。

二、土地利用动态监测的目的

土地利用动态监测的目的在于能及时地掌握土地利用及其时空变动状况，有效地利用土地资源，使其发挥最佳利用效益。一般目的有：1．为国家制定经济发展计划、资源利用和环境保护政策提供决策依据；2．寻求达到土地利用最佳整体效益的配置方案，以满足国民经济各个部门对土地的需求；3．确定土地持续利用方式，以促进土地资源质量的保持；4．实施土地利用和土地管理的科学化和规范化。目前，我国开展的土地利用动态监测主要是对耕地和建设用地等土地利用变化情况进行及时、直接和客观的定期监测，检查土地利用总体规划和年度用地计划执行情况，重点核查每年土地变更调查汇总数据，为国家宏观决策提供比较可靠、准确的依据，土地利用变化情况对违法或涉嫌违法的地区及其他特定目标除特殊情况进行快速的日常监测，如为违法用地查处和突发事件处理提供依据。

三、土地利用动态监测的内容

从土地管理的目标和任务来看，土地利用动态监测的内容主要包括：

(一) 区域土地利用状况监测

通过土地利用状况的监测，来反映土地利用结构的变化，对土地利用方向的变化进行控制和引导。监测重点是城镇建设用地执行规划情况，特别是建设占用耕地情况。

(二) 土地政策措施执行情况监测

政策的制定依靠准确的信息，同时信息又是执行政策的反馈。土地利用监测就是获取土地信息和反馈土地政策、检验土地管理措施执行结果的主渠道。如规划目标实现情况监测、建设用地批准后的使用情况监测、土地违法行为监测等。这一类的监测一般是专题监测。

(三) 土地生产力监测

土地生产力受制于自然和社会两大因素，呈现出动态变化。土地生产力监测的重点是土壤属性、地形、水文、气象、土地的投入产出水平等指标。

(四) 土地环境条件监测

环境影响土地利用，土地也是环境的一部分。对土地环境条件的监测，重点是考察环境条件的变化、环境污染等对土地利用产生的影响。如对农田防护林防护效应的监测、基本农田保护区内耕地环境污染的监测与评价、土地植被变化监测等。

四、土地利用动态监测的主要指标

(一) 土地利用结构与利用程度指标

主要有土地利用率、土地农业利用率、土地生产率、垦殖指数、复种指数、有效灌溉率、林地指数、园地指数、土地非农业利用率等。

(二) 土地管理政策措施的监测指标

包括土地利用规划目标实现程度（耕地保有量水平、人均建设用地水平、土地利用结构优化程度、闲置土地利用水平、补充耕地数量等）、基本农田保护率、土地利用年度计划执行情况、违法用地面积和查处结案率等。

(三) 土地利用经济社会效益监测指标

主要有土地利用投入产出率、土地经济密度（净产值）、土地纯收入、万元产值占地、土地利用投资效果系数、土地利用投资回收期、人口密度、城市化水平、人均居住面积、交通运输条件等。

(四) 土地环境和生产力监测指标

主要有气候（降雨、光温、湿度、风向与风速等）、植被（植被群落、森林覆盖率、草层高度与质量等）、能量产投比、光能利用率、环境质量达标程度（水质、空气、噪声等）、文物古迹与风景旅游资源、矿产资源分布等。

第二节 土地利用动态监测的方法

一、监测区的划分

监测区是土地利用动态监测的基本单元，可以根据土地利用特点、土地性质、地理位置、土地利用变化率和土地经济价值加以划分，或者根据具体任务确定。监测区可以按自然流域划分，也可以按行政辖区划分。监测区原则上不小于县级行政辖区。监测时应以土地变更调查数据和图件为本底，利用航空和卫星遥感图像的处理与识别等技术，从遥感图像上提取变化信息，绘制基本监测图。基本监测图是指在监测区内，按县级行政辖区、地（市）行政辖区范围以及特定区域分幅，标注有关土地利用及其变化特征等要素的遥感影像图以及动态传感监测图等。县级行政辖区和其他特定区域基本监测图，成图比例尺一般为1:25000～1:50000；地（市）行政辖区基本监测图，根据辖区面积等具体情况确定成图比例尺。

不同监测区的内容和方法不尽相同。如划分为中心城市区（城市市区和与之接壤的农村地区即城乡结合部）、重点资源区（农业、林业、旅游、矿业、能源、自然保护区）、农村地区（农地、林地、休闲地、农村住宅区等）和未利用土地区（小片无人长期连续居住的未开垦利用地），其监测内容除共同部分外，均具各区的个性内容，如中心城市区应监测城市化对农业土地的影响和损失、土地利用变化与人口增长之间关系等；重要资源应监测政策对土地利用产生的作用和影响与该毗邻的土地利用变化资料等；农村地区应监测土地利用变化对土地利用效益的影响，城乡交接地带土地利用变化等；未利用土地应监测土地的效应、资源开发对野生生物和环境质量可能产生的影响。

二、监测的方法

土地利用动态监测的方法依其不同标志可分为调查资料法和遥感资料法、实地调查法和遥感图像解译法，全面调查法和抽样调查法。

（一）遥感技术

遥感对地观测技术具有覆盖面广、宏观性强、快速、多时项、信息丰富等优点，因而较普遍地应用于土地调查制图与监测中。遥感技术有卫星遥感和航空遥感两种。卫星遥感资料具有空间的宏观性和时间的连续性等特点，其优势在于大面积的动态监测。主要可用于土壤沙化、草原退化、土壤侵蚀、沿海滩涂的开发利用、土地受灾面积等土地利用的动态变化的监测。航空遥感具有分辨率高、荷载量大且灵活的特点，用航空遥感作点状或带状的抽样调查或典型调查，是补充和检测卫星遥感调查的必要手段。主要可用于耕地增减变化和建设用地扩展速度的监测，农田防护林体系、自然保护区生态环境监测等。

（二）土地调查技术

土地调查的方法主要有普查、抽样调查、重点调查等。运用土地调查与统计可以对土地利用结构调整、土地等级变化等进行分析。一般在遥感资料的基础上，需要通过土地调查进行检查和补充。在遥感资料缺乏的地区或年份，也只有依靠土地调查来反映土地利用状况。城镇地籍调查、土地详查、土地变更调查等一系列调查工作和历年土地统计工作目前已在全国普遍开展。利用这些数据和信息进行土地利用动态监测，也能准确地反映土地利用结构的变化情况，数据准确可靠、精确度较高，能满足土地微观管理的需要。缺点是工作量大，时点性差，仅适用于小范围的和专题性的监测。

（三）土地信息系统技术

土地信息系统是以计算机为核心，以土地资源详查、土壤普查、规划、计划、各种遥感图像、地形图、控制网点等为信息源，对土地资源信息进行获取、输入、存贮处理统计、分析、评价、输入、传输和应用的大型系统工程。与土地利用监测有关的信息系统有土地利用现状系统与规划系统、地籍系统、土地分等定级系统、土地估价系统、法规监察系统等。

除上述方法外，还可以借助一些科学仪器和设备进行监测，如运用环境、土壤质量的监测仪器可以对农田生态环境、土壤质量等进行测定和分析。

（四）抽样调查技术

抽样调查与全面调查（相比）具有工作量小，速度快，费用省，实施易，精度可以量化的特点。所谓抽样调查系指按随机原则在总体中选取一部分单位作为总体的代表所进行的一种专门组织的非全面调查。抽样调查是以一部分单位的有关指标用数理统计学计算总体情况。

三、监测的技术要求

基本监测图最小上图图斑为 $2mm \times 2mm$，以此为标准，依据不同比例尺确定线形地物和块状地物变化图斑最小量算面积。实地核查后监测区内的变化图斑位置、范围和类型等应与实际情况一致。抽取监测区范围内25%以上（指图斑个数）的变化图斑进行精度检验，变化图斑面积之和误差不超过15%。新增城镇、农村居民点、独立工矿用地、新修铁路、公路和民用机场的面积误差及其占用各耕地的面积误差均应不超过10%；新增盐田、特殊用地、农村道路、港口码头、沟渠、水工建筑物占用耕地、耕地转为坑塘（鱼塘）及其非建设用地以及通过调整、复垦增加耕地等，引起耕地变化的面积误差不超过20%。新增盐田、特殊用地、农村道路、港口码头、沟渠、水工建筑物的面积误差不超过20%。

另外，土地利用动态监测主要成果有基本监测图和技术数据。

思 考 题

1. 简述土地利用动态监测的作用？
2. 土地利用动态监测常用的方法？
3. 遥感技术在土地管理中的应用？
4. 土地利用动态监测有哪些常用指标？

第六章 土地评价概述

第一节 土地评价目的与类型

一、土地评价的概念

土地评价是土地在一定的用途条件下，评定土地质量高低的过程。质量的高低可以是适宜程度的强弱，可以是生产潜力的大小，也可以是特性的好坏或价值的高低等。

二、土地评价的目的

（一）为土地税收服务

土地税收标准的确定需要知道土地的用途和土地对该用途的适宜等级，或土地在该用途条件下的生产力大小，因此，通过土地评价能科学地为制定土地税收标准提供基础的资料。

（二）为土地管理服务

土地评价取得的土地生产潜力、适宜性、限制性等成果是确定承包土地转包补偿费用、征用土地补偿费等土地管理实践的主要依据，也是土地质量的动态监测和土地保护的基础资料。所以土地评价可为常规的土地管理服务。

（三）为土地交易服务

随着市场经济的发展，土地市场交易的活跃，客观上要求对土地进行估价，因而也就产生了为土地交易提供土地价格基础资料的城镇用地分等定级。土地分等定级的结果不仅是土地市场正常运行不可缺少的基础资料，而且也是土地使用者选择土地利用的指南。

（四）为土地利用规划服务

土地利用规划的作用在于对土地利用做出合理的决定，即实现土地合理利用。土地评价通过根据土地利用要求与土地质量比较结果确定土地适宜性等级，向规划人员提供最好的土地利用种类选择，以建立合理的土地利用结构和土地利用系统。所以土地评价是土地利用规划的基础，为土地规划提供了最客观的依据。

三、土地评价的类型

根据土地评价的对象、任务、方法、手段和体系上的差异，有不同类型的土地评价。

（一）农用土地评价和非农用土地评价

前者主要是对耕地、园地、林地、草地等农用土地生产力、效益差异、级差收益分布状况的评价；后者是对城镇用地、旅游用地等非农土地利用的产业布局适宜性、经济效益、级差收益的评价。

（二）土地自然评价和土地经济评价

土地自然评价中表示土地对一定用途的质量等级或适宜性是用土地的综合特性。而土地经济评价中土地对一定用途的质量高低或适宜性是以经济效益的大小来确定的。

（三）定性评价和定量评价

前者是用定性术语去表示土地对一定的利用适宜与否，其适宜性可分为几级，如：最适宜、中等适宜、勉强适宜。后者是用数学方法和量的指标去评定土地对一定用途的适宜与否。在开展定量的土地评价之前，应做先行性的定性土地评价。

（四）综合评价和单项评价

前者是根据农、林、牧业生产的综合要求或国民经济各部门之间合理分配土地利用的要求来评价土地。后者是依据某一具体土地利用的具体要求评价土地。如为发展畜牧业的某类草地评价。综合评价和单项评价是相对的，相互之间没有截然的界限。

（五）当前土地评价和潜在土地评价

前者是指土地评价中，所根据的是目前的土地特征；后者所依据的是可预见的未来，土地改良后的土地特性，因此土地潜在评价是一种预见性土地评价。

第二节　土地评价的基本原理和方法

一、土地评价的基本原理

（一）地租理论

英国古典政治经济学的创始人威廉·配第早在三百多年前出版的名著《赋税论》中就地租问题进行了研究，在此书中首次提出，地租的本质是剩余劳动的产物，是剩余价值的真正形式，同时也指出由于土壤肥沃程度和耕作技术水平的差异，以及土地距市场远近不同，地租也不一样。配第的地租论为级差地租理论奠定了初步的基础。大卫·李嘉图是英国古典政治经济学的杰出代表和完成者。他对地租理论的最突出贡献就在于用劳动价值论的原理研究地租问题，认为地租同利润一样，是劳动创造的价值的一部分，从而为地租理论的科学研究奠定了基础。李嘉图地租理论缺陷和错误之处表现为只承认级差地租，否认绝对地租，没有区分剩余价值和利润，把生产价格和价值混为一谈，把地租概念用于一切时代和一切国家的土地所有权。

马克思的地租理论是在批判和继承前人特别是李嘉图的地租理论基础上创立起来的，是至今人类历史上最为成熟的资本主义地租科学理论。马克思认为，地租是土地所有权在经济上的实现，这是地租的一般概念，不同社会土地所有权性质决定着地租性质的差别。资本主义地租是超额利润的转化。马克思还指出，由于土地所有权存在，租用任何一块土地，即使是最差的土地，也必须绝对地交纳地租，"土地所有权的恰当表现"，即为绝对地租，由于土地等级差别产生的，归土地所有者占有的超额利润称为级差地租，依其形成方式又分为级差地租Ⅰ与级差地租Ⅱ，同时因为土地的肥力、位置的优越，或者在同一块土地上的连续投入，都可以使劳动者创造更多的剩余价值，产生更多的级差收益，所以级差地租往往是土地生产率、级差收益的体现，也是土地评价的基本理论依据之一。

（二）地价理论

地价理论是建立在地租理论基础之上，并与地租理论互相补充、密不可分。所不同的是地租理论对土地评价的过程起定性化的指导作用，地价理论则是土地评价工作更接近模型化和定量化的基础。

威廉·配第被马克思称为"政治经济学之父"，他在政治经济学方面的重大功绩就在于对商品价值本质的揭示。他指出，土地价值不过是一定年数的地租总额，或者说是地租的资本化。

马克思的劳动价值论的观点则是：土地是自然的产物，不是人类劳动的产品，依据劳动价值论，土地没有价值，也就没有其货币表现的价格。但是，土地具有使用价值，可以作为商品来出售、出租。所以，没有价值的物品可以有价格，土地价格是没有价值的价格，称为"虚幻的价格"。马克思同时指出，土地价格是地租的资本化，即通过年地租与利率的比率来确定。土地价格按普通利息率来计算，意味着购买土地付出的费用所能得到的收入，要与这笔费用存入银行所能得到的利息相等，所以假设地租是一个不变的量，土地价格就会与利息率的上涨或下降成反比例而变化。

（三）区位理论

"区位"，意为"站立之地，位于……"，译成汉语应为"分布的地区或地点"。在西方经济学中，首先研究区位理论的是17世纪德国屠能的农业区位论，以后是阿·韦伯的工业区位论及克里斯特勒的城市区位论和廖什的市场区位论。其主要目的是为了确定城市和产业的最优空间经济区位。

土地是重要的生产与生活的物质基础，是区位实现的场所。在各类土地利用中，不同位置显示出的差异性，及其在空间上的分布，形成了级差地租、等级差别，影响土地的用途和利用效果。一般情况下，在土地利用和进行土地评价时，应考虑的区位要素有：距离市场的远近；交通便利程度；集聚效益；劳动力的素质和数量；自然位置；与自然资源的关系；人类活动集中地区对土地的影响。

二、土地评价的原则

（一）必须以一定的用途为前提

不同的土地利用种类有不同的用途要求。例如适宜种植水稻的土地要有充裕的水利条件，土壤质地以壤土或黏壤质的冲积泛滥平原或低地是发展水稻的理想地方，但对其他土地利用类型来说就不一定适宜。所以土地评价要针对特定的土地利用类型来进行。

（二）必须以土地用途的可持续性为前提

在评定土地对某一利用的适宜性时，必须充分考虑土地对该种利用所引起的环境退化。如在旱作农业中引水灌溉而变为灌溉农业时，对土地灌溉适宜性的评价就必须考虑到由灌溉可能引起的沼泽化、次生盐渍化。一旦这些现象中的其中之一产生，其适宜性会不断降低，直至不适宜。因此，在进行土地对一定用途的适宜性评定时，要充分考虑由该用途所带来的环境影响。

（三）要符合研究区的自然、社会经济条件

在一个地区的土地评价中，其土地利用种类的提出，必须要考虑研究区的自然、社会、经济条件。如在农业土地适宜性评价中，一个水资源不足、劳动力缺乏的地区，人们在生活习惯上又不爱吃大米，在土地评价中却要提出评价该地区对于种植水稻的可能性是不合适的。

（四）多学科集合

土地评价是一个多学科的群体。以土地的自然适宜性评价和经济评价而言，不仅涉及土地的自然学科，而且涉及土地利用学科、经济学科等。因此，当我们开展土地评价工作时，要组织一个多学科的专家队伍，采用学科的协调，共同结合，最后达到土地评价的目的，这就是所谓土地评价的多学科方法。

三、土地评价的主要方法

土地评价的方法很多，以下介绍多因子综合评判法、综合指标评判法、投入产出分析法、最低限制因子评判法等。

（一）多因子综合评判法

首先根据土地评价的目的，选取有关的土地特性和其他社会经济要素特征，并据其内部或相互之间的重要性分别给出数量化值，以数量化值替代评价要素；然后按照数学规律将这些数量化值加以综合，并考虑到各要素之间的相互关系和相互作用，产生最后的性能指数；最后将这种指数转而用于按值的次序对土地进行分等，用以反映土地质量高低。

在实际评价中，设评价因素分别为 A、B、C、D，则可以将某一土地单元相应因素的数量化特征值赋予 a、b、c、d 值。若各个因素的相互作用是累加型的，而因素对土地的质量影响是不一样的，则必须对每一个要素的权重具体分析赋值，其计算公式为：

$$P = \Sigma \alpha_i p_i \tag{6-1}$$

式中　P——土地单元综合分值；

　　　α_i——第 i 个要素的权重；

　　　p_i——第 i 个要素的评价得分。

（二）综合指标评判法

这种评价方法是选取公认的能反映土地质量的综合指标，依其变化幅度确定土地的等级标准，再根据土地评价单元该项指标的特征值，确定土地等级的优劣。采用这种方法进行土地评价多属是按土地产出结果来进行评价的，其结果直观，易于掌握，但往往比较粗略，对土地质量缺乏深入理解。

（三）投入产出分析法

土地具有生产性能，好的土地投入少而产出多，通过投入物质能量（或资金、劳动等）与产出的物质能量（或收入）进行比较，利用投入产出效率来对土地质量进行评价，是这种方法的核心内容。投入产出分析法在土地评价中，常用资本投入产出分析、成本利润比较等。

（四）最低限制因子评判法

这一方法是选取多个限制因子作为评价因子，各限制因子按其对资源的限制程度进行指标分级，即划分为不同级别的定量或定性的评判指标或标准，然后对被评对象的各个限制因子一一评定其级别，记录在评价表格中；最后以限制因子评定的最低级别来确定被评对象的等级。

第三节　土地评价的工作程序

不同种类的土地资源评价中，其工作程序有一定的差异，这里以土地自然适宜性评价为例，以说明其工作程序。图 4-1 为土地自然适宜性评价的程序框图，按照土地评价时间的先后，可以将土地评价分为三个阶段。

（一）准备阶段

它的主要内容包括土地评价目的商讨，土地评价的工作计划制定，土地评价队伍的组织和土地评价所需的资料确定。一般地讲，土地适宜性评价所需的资料，社会经济方面主要包括：社会（人口、人的生活习惯、文化教育水平、先进技术的接受情况、劳动力多少等）、经济（经济收入水平、工业、商业、交通的情况等）、政治（社会制度、土地所有制等）条件；自然方面的资料主要包括：气候、土壤、水文、土质、地貌、地形等的文字报告及图件；介于社会经济与自然之间的材料有土地利用现状。

（二）中间阶段

它是土地评价的主要阶段，具体的工作目标是，要做出土地评价地区的土地适宜性分类。这一阶段的内容较多，根据工作的程序，又可将土地评价的主要阶段分为两个单元。

1．第一单元（A） 由图 6-1 中可知，这一阶段的工作要包括：了解土地评价地区的范围大小，所属关系；提出供选择的土地用途；各种土地用途对土地条件的要求。主要的工作内容首先是对土地评价地区与土地评价有关的土地自然属性资料收集；其次是根据所收集的资料确定土地评价单元及其性质；第三是根据土地评价单元的性质进行合并归类得出与土地用途所要求的土地条件相应的土地质量。

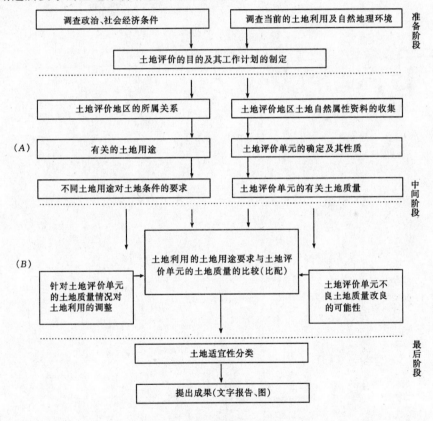

图 6-1 土地评价程序框图

2．第二单元（B） 主要内容是土地利用的土地用途要求与土地评价单元的土地质量的比较，以得出土地对该用途适宜程度与否的结论。如果不适宜，还可以做两个方面的工作：第一是对土地利用的调整，如在旱作农业的土地评价中，当土地评价单元的土地质量之一水分条件不满足所考虑的作物品种所要求的土地水分条件时，就可以调节作物的品种（也可以改变作物种类）；第二是针对土地利用方式对土地条件的要求，去改良土地评价单元所对应的不良土地质量，使之改良后能达到土地利用对土地条件的要求。

（三）最后阶段

主要内容就是进行土地的适宜性分类和成果的提出。土地评价的成果主要包括土地评价图和对土地评价图所做的详细文字说明报告。

思 考 题

1. 什么是土地评价？
2. 土地评价的类型有哪些？
3. 简述土地评价的程序？并画出土地评价的程序框图？

第七章 农用土地评价

在农业生产中，土地以其具有肥力，成为一切农作物、牧草、森林等吸收营养的主要源泉，是它们正常生长发育所不可缺少的水分养分、土壤空气和热量的供应者、调解者。土地是农业不可缺少的和无法替代的基本生产资料，没有土地，就没有农业。在历史上，农业是社会生产的第一个部门。马克思在说明农业作用时常指出"食物是生产最直接生产者的生存和一切生产的首要条件……"。在农业中，生产成果在许多方面取决于土地的质量。农用土地评价就是人们从土地质量方面认识土地。

第一节 概 述

一、农用土地

农用土地是农业主要生产资料，直接参与农产品的形成，其质量的优劣直接决定农作物的质量和经济收益，农用土地具有如下特点：

（一）影响农用土地质量的诸因素区域差异大

农业生产利用光、热、水、土等自然资源，运用一定的技术与手段来栽培植物和饲养牲畜，经济再生产过程与自然再生产过程互相交并，活动场所主要是耕地、水面、林地与牧场，在地球表面分布表现为广阔的"面"。自然地理环境的地域差异和社会经济条件的不平衡是构成影响农用土地质量诸因素区域差异大的基本原因。

（二）土地的自然肥力是农用土地质量的基础

土地肥力是指土地能够提供和协调作物生长、发育所需的水分、养分、空气和热量的能力，它直接影响着作物的生命活动，决定作物的产量和质量，形成土地质量的差异。其中自然条件决定的气候肥力与土壤肥力是整个土地肥力的基础，对土壤肥力与气候肥力的相互关系及其对植物生长的作用的研究，可以提高农用土地评价的精度与科学性。

（三）农用土地具有农作物各种适宜性和利用的多变性

农作物种类多样性和土地条件的综合性，使土地为农作物的生长提供了多种可能性。同时，由于人们对农产品需求的变化的周期性和突变性，使农用土地的利用形式也表现出多变性和多样性。在一定社会经济条件下，农用土地的这一特点对土地利用的影响也是一个动态的平衡过程，在平衡状态下，土地总是按能发挥其质量优势的利用方式保持利用。

（四）影响农用土地质量的因素可分为长期稳定因素和短期易变因素

影响农用土地生产力的各因素中，大致可分为两类：一类是不易在短期内改变的自然、经济因素，人们只有充分、合理地利用它们，并保持其稳定性，土地才能得到持续的、较高的利用效益；另一类是较易受人为活动影响的易变土地特性，土地使用者追加劳动投入可以在短时期内改变它们的自然、经济属性，使土地的生产能力发生变化。例如，人们通过灌溉和施肥可以改变土地中土壤的水肥状况，提高农作物产量。人类对易变因素的调控能力增强，将代表农业的技术进步；而对不易变因素的调控能力增强，则代表着农业的飞跃，往往有划时代的意义。

二、农用土地评价的概念

农用土地是指栽培农作物的土地。农作物一般是指大田栽培下，收获供人类食用或作为工业原料的作物。其内涵有广义和狭义之分，广义农作物包括所有栽培作物，如大田作物、果树、蔬菜、观赏植物、药用植物和林木等，而狭义的农作物是以粮食、棉花、油料、蔬菜、糖料等为主的大田作物，也包括桑、烟、麻、绿肥、饲料等。

农用土地评价是土地评价的主要组成部分，主要包括农业土地的自然评价和农用土地的经济评价。农用土地的自然评价侧重于自然条件的评价，是通过对组成土地的自然要素的分析，评定农用土地在一定的科学技术水平和经营管理条件下，各种土地对于农作物生产的适宜情况或生产水平。因此，这类评价常把土地生产率作为反映土地质量的综合指标。农用土地经济评价是通过劳动和投入的消耗与提供产品或其他效益的对比关系来评价土地在栽培某种农作物条件下的土地质量状况。前者着重研究土地的自然性状对农作物利用的潜力或适宜性高低；后者则不仅考虑土地固有的自然属性的差异，而且要着重研究在等量劳动耗费下，土地在某种农作物利用条件下的经济效果。

三、农用土地评价的原则

（一）综合分析和主导因素相结合

农用土地质量是土地的综合属性，土地质量的好坏受土地自然因素和经济因素以及技术条件等多种因素的综合影响。但是，每个土地因素对农用土地生产率的作用和影响是不同的，所以在评价中不仅要研究各个因素和综合影响，同时，要考虑其中主导因素对土地生产率的限制作用。

（二）揭示土地等级差异

我国幅员辽阔，自然和社会经济条件复杂，土地资源具有类型多样及地域差异大的基本特征。这种地域差异首先表现在气候条件的差别上，如暖温带、温带、亚热带；其次，表现在地形、地貌的差别上，例如海拔高度、坡度、坡向、坡长等；第三，土地利用和农业生产水平也由于历史和社会经济的原因呈现明显的差异，这也是形成土地生产率差异的重要因素。因此，农用土地评价所提示的土地等级差异要充分反映土地的特点和经济特性的变异。

四、农用土地评价的分类系统

农用土地评价的分类系统可采用"类、等、型"三级续分制。

类：是以土地的用途、经营特点、利用方式和覆盖特征等因素来划分土地分类系统，全国农业区划委员会颁布的《土地利用现状调查技术规程》中土地利用分类，采用多层次等级续分制，将全国土地划分为8个一级类，46个二级类型，其中一级农用土地类型中有旱地、水田等二级类型。中国国土资源部新编的《全国土地利用分类》（试行）中土地分类为3个一级类，15个二级类，76个三级类。

等：反映现阶段土地的质量，主要根据与农用土地生产能力相关比较稳定的自然和社会经济属性来划分。

型：反映土地对于某种利用的主要限制因素种类。

这里的类、等、型与联合国粮农组织土地适宜性评价解说中的纲、级、亚级划分的原理相同，但这里类的划分是以土地利用类型为依据。

类、等、型三级分类体制，如图7-1。

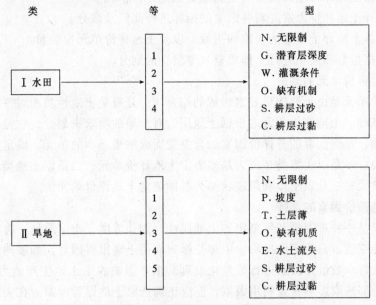

图 7-1 农用土地评价分类系统

第二节 农用土地自然评价

一、农用土地评价的程序

农用土地评价可采用归纳法，通过对评价土地质量的调查、试验或数值分析，对制约土地质量的单项因素进行综合，从而划分出不同土地质量等级，其程序如图7-2有：

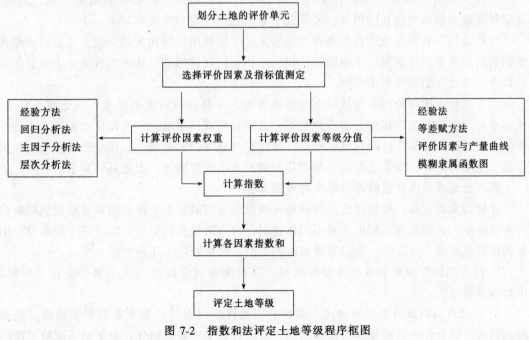

图 7-2 指数和法评定土地等级程序框图

（一）根据土地评价地区的资料情况划分土地评价单元。
（二）选择土地评价因素并对各因素的指标进行测定及赋分。
（三）计算土地评价因素的权重和指数，以及土地评价单元指数和。
（四）根据指数和大小进行土地质量（等级）的划分。

二、土地评价单元的划分

土地评价单元是由土地构成要素组成的综合体，是有关土地性质相对一致的地段，是土地评价的基础。土地评价单元应根据土地用途对土地的要求来划分，它是各评价因素相互作用的产物，是所选取的各评价因素综合叠置而成的最基本的单元。确定土地评价单元的方法有三类：一是以土壤类型图为基础确定土地评价单元；二是以土地类型图为基础确定土地评价单元；三是以土地利用现状图为基础确定土地评价单元。

三、土地评价因素的选择

评价因素是一种可度量和可测定的土地属性，例如坡度、土壤质地、有机质等。有些评价因素不能度量，只能定性反映，但却是影响农用土地重要因素，如坡向等，可以采取多元回归方法将非数量化因素进行数量化处理。由于影响农用土地生产能力的因素很多，因此，不能全部选取影响农业利用因素，但应正确选取土地评价因素。在实际工作中，应注意：

1．在众多的评价因素中，通过分析、筛选、选取对给定的土地用途或土地利用方式起主导限制作用的因素作为评价因素。

2．所选因素对土地要有稳定性，即选择那些能持续影响土地用途利用方式的较稳定因素，尽量避免选取易变因素。按照各评价因素的稳定性，一般可分为：很稳定因素，如气候、地形、地质等；较稳定因素，如土壤、水文、水文地质等；不稳定因素，如土壤速效养分等。

3．要考虑评价因素之间的相关性。因为评价因素之间有着很好的相关关系，所以，应尽量选取那些相对独立的因素，或从几个紧密相关的因素中选择其中一个。

此外，由于我国各地的自然条件差异极大，土地利用类型和方式又较为复杂，因而评价因素的选取要因地制宜，不能硬性采用同一指标。评价因素可从土壤普查，土地利用现状调查，农业区划等资料中找到。

对于农用土地评价因素可从以下几方面考虑：一是作物的生态要求，如光照、温度、土壤水分和养分、土壤盐分、洪涝危害等；二是经营管理要求，如机械化可能性、土地平整条件、道路交通条件、经营规模等；三是生态环境保护的要求，如防止土壤侵蚀、土壤退化、土壤污染等；四是区位及土地物化劳动投入水平要求等；五是其他要求。

四、土地评价因素指标等级标准与等级分值

评价因素确定后，根据评价目标和地区特点，分别确定各个评价因素对农业利用影响的等级标准。首先根据不同地类或不同作物对评价因素指标的要求，找出每个因素指标中最优和最差的两个极限值，划定等级的级差范围。可采取以下几种方法：

1．选取的评价因素来自土壤普查资料，尽量参考《全国第二次土壤普查技术规程》中指标分级范围。

2．对已有田间试验资料的地区，最好分别做评价因素与作物产量的相关曲线，根据相关曲线，划分评价因素等级指标值范围，可以避免主观随意划分。对于缺乏试验资料的

地区，也可以根据长期生产经验或参照邻近地区的有关田间试验资料确定。

3．评价因素指标值尽量用数量表示，不能用数量表示的，如土壤质地、障碍因素、灌排状况等，可用文字描述分级。也可以将非数量化因素进行数量化计算，求算各个非数量化因素的权重。

4．土地评价因素的分级与赋分要恰当，不同级之间的差别要能较好地反映对农业利用影响的差异。常用的分级赋分的方法有经验法、等距（差）赋分法、模糊隶属函数图、评价因素与产量的相关曲线等。等距赋分方法是按等距的方式对土地评价因素进行分级，其分值随级别的提高而递减，且每级之间的间隔是相等的。如评价因素分为1、2、3、4个等级，分别赋予4、3、2、1的分值。用等距赋分法进行土地评价因素的分级与赋分是假定评价因素与农作物产量之间的相互关系为线性的，但一般情况下，土地评价因素与产量之间是非线性关系。如吉林省榆树县土壤有机质，黑土层厚度与产量的关系是抛物线（型）的，如表7-1（20世纪80年代中国农业工程研究设计院在吉林省榆树县的土地评价）。吉林省榆树县农用土地评价的11个评价因素分级、分级标准及各级的分值，如表7-2。

评价因素实际等级指数与等差指数比较表　　　　　　　　　　　　表7-1

	指标	<1	1～2	2～3	>3
有机质（%）	等差	1	2	3	4
	实际等级指数	1	2	2.8	3.2
	指标	<20	20～30	30～50	>50
黑土层厚度（cm）	等差指数	1	2	3	4
	实际等级指数	1	1.55	2.19	2.83

土地评价因素分级、分级标准及各级的分值表　　　　　　　　　　表7-2

评价因素分值	坡度（度）	土层厚度（m）	水蚀程度	有机质（%）	全氮（%）	全磷（%）	土壤质地	耕层结构	障碍因素	灾害程度	农田设施
4	<2	>50	不明显	3～4	>0.2	>0.15	壤土	以团粒结构为主	没有冷、板等或土壤障碍层在地表100cm以下	基本无自然灾害	坡地有截流措施，陡坡地有梯田、台地，有护林带，洼地有排涝措施，能排能灌，工程质量较好,有显著效益
3	2～6	30～50	轻度侵蚀少量纹沟	2～3	0.15～0.2	0.1～0.15	黏壤	团粒或小棱块结构	冷、板等因素有其中一个或土壤障碍层距地表50～100cm之间	无跑风、内涝、外洪，但易受偶然性或阶段性一种自然灾害	有工程措施,但质量不好、效益不高

续表

评价因素分值	评价因素及指标										
	坡度(度)	土层厚度(m)	水蚀程度	有机质(%)	全氮(%)	全磷(%)	土壤质地	耕层结构	障碍因素	灾害程度	农田设施
2	6~15	20~30	中度面蚀，有少量沟浅、但不影响耕作	>4	0.1~0.15	0.07~0.1	黏壤	团粒或小棱块结构	冷、板等因素有其中二个或土壤障碍层距地表30~50cm之间	有跑风、内涝、外洪一种自然灾害	有工程措施，但不配套，效益不高
1	>15	<20	强度面蚀，有少量切沟、影响耕作	<2	<0.1	<0.07	砂土黏土	片块、棱块状结构、无结构	冷、板等因素有其中三个以上或土壤障碍层距地表30cm以内	经常有跑风、内涝、外洪灾害	基本上无工程措施

五、土地评价因素权重的计算

土地评价因素权重计算可采用经验法、多元回归分析法、主要因子分析法，层次分析法等。这里介绍用回归的方法确定评价因素的权重。

（一）回归方法求算土地评价因素权重的函数

回归分析法是把一定范围内土地评价因素与生产力（土地质量）之间的关系，近似地描述为具有线性相关关系的函数。这种线性相关关系可表示为：

$$Y = b_0 + b_1x_1 + \cdots + b_mx_m \tag{7-1}$$

式中 Y——土地生产率，用单位面积的基本产量、产值或纯收入表示；

x_i——影响土地生产力的土地性质，如土层厚度，有机质等，$i=1、2\cdots\cdots m$；

b_0——回归常数项；

b_i——回归系数，表示自变量增加一个单位时，因变量的增长量；

m——土地评价因素的个数。

（二）计算回归系数

在回归方程中，土地基本产量和土地评价因素为已知数值，回归分析的关键是求出 $b_0、b_1\cdots b_m$，一般采用最小二乘法。限于篇幅，计算方法略。

（三）回归效果检验

在多元回归分析中，常用复相关系数 R 和 F 检验来反映 Y 与 m 个土地因素（X_1、$X_2\cdots X_m$）的线性关系的密切程度，复相关系数 R 越接近1时，回归总体效果越好；相反，效果越差。当 $R=0$ 时，说明土地生产力 Y 与土地因素 X_i 建立的回归方程没有意义。复相关系数的显著性可用 F 检验加以判别。在给定显著水平 α 的条件下，若计算出的 F 值大于或等于查表得到的 F_α 值，即 $F \geqslant F_\alpha$，则说明土地生产力 Y 与 m 个土地因素 X 总的回归效果显著。

（四）评价因素重要性的检验

回归方程的总体效果显著，并不能说明选入回归方程中的每个评价因素与土地生产力之间的线性关系都具有同等的密切程度。因此，在进行总体效果分析的同时，还要逐项检

验 b_i 的显著性，以便从方程中剔除那些次要的、可有可无的因素，重新建立更能反映变量之间的关系方程。常用 t 检验方法。

给定显著水平 α，查 t 分布表。当计算的 t_i 值大于等于查表的 t_α 值，则认为该因素对 Y 有影响，则 X_i 是重要的，当 b_1、$b_2 \cdots b_m$ 检验结果都显著时，说明求出的包含 m 个自变量的线性回归方程合理。当计算出 $t_i < t_\alpha$ 时，则说明该因素对 Y 影响不存在，应该剔除。用土地生产力 Y 与留下来的评价因素重新建立新回归方程。

（五）计算标准回归系数

在土地评价中，可以通过比较各因素的回归系数 b_1、$b_2 \cdots b_m$ 的绝对值，来分析选择影响土地生产力的主要因素。但由于它们所取的单位不同，所以不能直接比较回归系数。此时，可用标准回归系数 b'_i 来比较。标准回归系数计算公式为：

$$b'_i = b_i \left(\frac{L_{ii}}{L_{YY}}\right)^{\frac{1}{2}} \quad (i = 1、2 \cdots m) \tag{7-2}$$

式中　L_{ii}——X_i 的离差平方和；

　　　L_{YY}——Y 的离差平方和。

标准回归系数 b'_i 与 Y 和 X_i 所取的单位无关，可以互相比较。因此，b'_i 绝对值越大，相应的 X_i 对 Y 的影响也就越显著。

（六）确定各评价因素的权重

根据标准回归系数 b'_i，应用下式计算各对应评价因素（X_i）的权重（P_i），公式如下：

$$P_i = \frac{b'_i}{\sum_{i=1}^{m} b'_i} \times 100 \quad (i = 1、2 \cdots m) \tag{7-3}$$

再对以上分析，从榆树县所选入的 11 个评价因素中最后筛选出主导因素 7 个，即：有机质、全氮、有效土层厚度、耕层结构、坡度、障碍因素、灾害程度（如表 7-3）。其中坡度出现复相关是正确的，因为坡度越大，水土流失严重，产量越低。

评价因素标准回归系数和权重值　　　　表 7-3

评价因素	有机质（%）	全氮（%）	全磷（%）	有效土层厚度（cm）	耕层结构	坡度（度）	障碍因素	质地	水蚀程度	灾害程度	农田设施
标准回归系数 b_i	0.177	0.29		0.148	0.28	-0.049	0.215			0.114	
权重 P_i	14	23		11	22	4	17			9	

按照标准回归系数及权重大小排列次序为：全氮、耕层结构、障碍因素、有机质、有效土层厚度、灾害程度、坡度。这个排列顺序符合当地实际情况。

六、评价因素的指数、土地评价单元各元素的指数和与土地等级

将评价因素的权重与相应的评价因素分值相乘，得到各评价因素指数如表 7-4；各个指数相加求和，即得出单元的指数和；将所有评价单元评价因素指数和按数值大小排序，然后参照当地实际情况，确定一等地，二等地…的指数和范围如表 7-5。最后根据标准分

别判定每个评价单位的等级。

榆树县土地评价因素指数　　　　　　　　　　表 7-4

因素等级	因素分值	指标指数	土地评价因素							指数合计
			全氮（%）	耕层结构	障碍因素	有机质（%）	土层程度（cm）	灾害程度	坡度（°）	
1	4	指标	>0.2	团粒结构为主	无冷、板等障碍因素或障碍层距地表100cm以上	3~4	>50	基本无自然灾害	<2	
		指数	92	88	68	56	44	36	16	400
2	3	指标	0.15至0.20	团粒或小团块状结构	冷、板等障碍因素具备其一或障碍层距地表50~100cm	2~3	30~50	无跑风、内涝外洪，但易受一种偶然或阶段自然灾害	2~6	
		指数	69	66	51	42	33	27	12	300
3	2	指标	0.1~0.15	团粒或小棱块结构	冷、板等障碍因素具备两个或障碍层距地表30~50cm	>4	20~30	有跑风，内涝外洪等一种自然灾害	6~15	
		指数	46	44	34	28	22	18	8	200
4	1	指标	<0.1	片、棱块或无结构	冷、板等障碍因素具备三个以上或障碍层距地表30cm以下	<2	<20	经常有跑风、内涝、外洪灾害	>15	
		指数	23	22	17	14	11	9	4	100

榆树县土地等级指数和范围　　　　　　　　　　表 7-5

土地等级	指数和范围	土地等级	指数和范围
Ⅰ	400~340	Ⅳ	219~160
Ⅱ	339~280	Ⅴ	159~100
Ⅲ	279~220		

第三节　农用土地经济评价

一、农用土地经济评价的概念

运用经济的可比指标，对土地投入和产出的效率和效果进行评定，通过衡量在相同投入条件下取得不同产出量的经济指标，划分土地经济等级，即为土地经济评价。农用土地经济评价就是评定在现实的农业土地利用中活劳动和物化劳动综合消耗。一定条件下所获得的土地生产率或其他效益，以便为制定农业租税和地价提供依据。其目的有：

1. 为制定保护耕地的法规、政策、防止乱占滥用耕地和随意改变土地用途提供主要依据。

2. 在不同的生产方式下，土地的生产能力是有明显差异的，通过农用土地评价，阐明生产消耗与产品生产之间的关系，为土地费税（包括土地使用费、征地补偿费、土地转让金）的合理拟定提供必要的条件。

3. 从经济角度，正确估计土地利用改变趋势和后果，为土地利用规划决策服务。

4. 通过经济指标对土地评级，可以及时反映由于土地质量变化而引起的土地利用经济效益和效果的变化，从而可持续利用土地资源。

二、农用土地经济评价的步骤

（一）划分土地评价单元。在农用土地经济单元中，要根据评价目的、评价区域的特点及所具备的资料情况，确定适合的评价单元。通常的做法有：一是以土地类型为基础分步或同步开展土地自然评价和土地经济评价；二是以土壤分类单位作为土地经济评价单元；三是以自然地块或田块为评价单元，也是以行政单位（如乡或行政村）或生产管理单位（如农场、林场、牧场）作为评价的单元，这种做法尽管其评价结果比较粗略，但是有利于收集社会资料，有利于从总体上进行经济效益分析和规划。

（二）调查当地的主要农作物种类和轮作周期，确定作为土地经济评价对象的各种农作物的面积，确定评价的时段范围和资料统计年度。

（三）调查和测算在不同评价单元上，在各种现行轮作方式下，多年的投入和产出数据。可采用以下三种方式：

1. **传统的定点典型观测法** 在不同评价单元类型上布点，按当地典型的生产经济条件，分别统计各投入和产出数据。这种方法工作量较大，选点和经营条件的典型性往往受到人为因素的影响，因而在自然条件复杂、评价单元类型数目较多的情况下不宜采用。

2. **改良的典型定点测算法** 选择以某种评价单元类型占80%以上的典型农业企业（其余20%以下的评价单元类型与这种评价单元类型质量差异不大），统计这些典型农业企业的各项投入产出数据。然后通过解线性方程组（因而要求所选典型农业企业数与待评价的评价单元类型数相等），求得各类土地在典型条件下的投入和产出状况。这种方法比较实用，但在所选农业企业的"典型性"上还存在一定的人为因素。

3. **数据统计测算法** 通过大量农业企业的经济成果与土地评价单元类型结构的相关分析，求解各种土地评价单元类型的投入和产出关系。这种方法只需农业企业的农经统计资料和土地结构资料，即可求出各土地评价单元类型在全部农业企业中的经营利用状况的平均值，因而具有较好的典型性。这种方法的困难在于，寻找反映上述相关性的恰当数学模型以及如何对其求解。

最后是选择适当的评价指标（如亩产量、亩纯收入、单位产品成本、产品成本综合指标），对上述投入和产出数据进行折算，并据各种指标评价结果求出各类土地的评分。然后，根据一个地区或农业企业的土地评价单元类型结构的土地利用结构用加权平均等方法，求出一个地区或农业企业的总体评价结果。

三、农用土地经济评价的指标体系

土地经济评价中使用的各种衡量土地质量、土地经济投入产出效率和效果的指标，称为土地经济评价指标。这些指标根据其各自在土地评价中的作用，将其分门别类，形成一个有机体系，构成土地经济评价的指标体系。

（一）选择评价指标应遵循的原则

1. **准确性** 选用的土地经济指标应能客观地反映土地的经济价值，满足确定土地利用的合理性，确定差额土地使用费、土地税、征地费、投资补偿费等多种经济目的的需要。

2. **代表性** 选用的指标要能正确地揭示出土地质量与土地利用的地域差异性，以便将评价地区的土地划分成若干相对质量等级。

3．齐全性 选用的指标不仅应根据评价目的、评价成果的应用来选择，而且还要根据资料获取的可行性、齐全程度来选用。

4．可比性 选用的各种指标代表的时间要一致，对于投入的形式不同，经常通过不变价格将各种形式的投入转化为可相互比较的价格或以产品的常年产量相互折合成某种产品的相对值；对于产出的指标，因各种作物的产量难以比较，所以也可以通过不变价格将产量转化为产值，使其成为可比指标。

5．完整性 建立的指标体系要有其完整性，不能够忽略或侧重地突出土地某一个方面的指标，从而导致土地评价的主观性与片面性。

（二）指标体系

1．农用土地经济效果指标 土地经济效果指标，从农业生产角度来说又可称为土地生产率指标，它是土地的生产力及人类活劳动和物化劳动投入与产出的综合反映，是土地利用经济效果和技术经济效果的反映。土地生产率的计算公式为：

$$土地生产率 = 产量或产值 / 土地面积 \qquad (7-4)$$

在具体工作中主要使用下列指标：（1）单位土地面积的产量或产值；（2）单位农用土地面积的产量或产值；（3）耕地面积的产量或产值；（4）单位播种面积的产量或产值；（5）单位土地面积的净产值 =（农产品产值 - 消耗的生产资料价值）/土地面积（农用地或耕地面积）；（6）单位土地面积的纯收入（土地盈利率）=（农产品产值 - 生产成本）/土地面积（农用地或耕地面积）。

土地经济效果指标是土地经济评价的总体指标，尤其是那些用投入与产出之比来表示土地优劣的指标，如单位土地面积的净产值和纯收入（土地盈利率），这类指标一般适用于集约化水平较低的地区，使用这类指标有助于鼓励土地利用者去挖掘土地利用的潜力。

2．土地经济分析指标 土地经济评价中，土地经济分析指标一般用于辅助计算与分析，用于揭示土地的具体利用特征。它包括以下四个指标组：

（1）生产资料消费指标：农业集约水平、单位面积播种量、单位面积施肥量、单位面积用水量、面积用电量。

（2）成本费用及资金占有指标：农作物亩成本（费用）、平均每亩耕地拥有资金量、平均每亩耕地拥有固定资产。

（3）土地利用及其结构指标：农用土地利用率、垦殖指数、复种指数、作物播种面积比率、各类草场面积比率、各类林地面积比率、森林覆盖率。

（4）社会经济条件指标：每亩耕地的国家财政对农业的投资、每平方千米公路网密度、每平方千米航道密度、每平方千米人口密度、距主要城镇距离。

3．土地经济效果分析指标 如同土地经济分析指标，土地经济效果分析指标在土地评价中也属辅助计算与分析指标。它包括以下两组指标：

（1）技术效果指标：农作物良种化程度、适时作业率、技术措施增产率、水利设施的保证灌溉面积、水井分布密度、渠系分布密度。

（2）生产耗费效果指标：每单位物质费用的农产品产值、每单位直接生产费用的农产品产值、成本利润率、每千克商品肥的产量、施肥的边际产量、每千克种子的产量、费用偿还率、成效果系数。

应当指出的是，以上各类指标是土地经济评价指标体系中的主要内容，可依据评价目的和评价方法，在具体使用时应有所增减。

四、农用土地经济评价的方法

农用土地评价方法，可采用毛利分析法、贴现现金流通分析法、经济计量模型方法和聚类分析方法等。以下介绍毛利分析法和贴现现金流通分析法。

（一）毛利分析法

毛利分析，又称边际效益分析。毛利是指农业企业产品的产值（产量×价格）减去生产费用。毛利分析不仅要测算毛利，还要计算纯收入和净利润。

毛利分析的结果可反映土地生产力的高低，并可通过在同一种土地评价单元上比较不同作物的毛利收入，用单位土地面积的收益水平确定土地的适宜性和适宜程度，以确定最佳的土地利用方式。

毛利分析一般分两步进行。首先考虑单项作物产品，然后将其分析结果综合起来，对整个农业企业的土地经济效益做出估价。其具体步骤为：

1. 利用土地自然评价的结果，选择有发展前景的几种土地利用方式作为毛利分析的对象。这一选择可包括：（1）为每种土地评价单元（制图单元），从某些土地利用方式中选择最适宜（S_1）的土地利用方式；（2）为每一种土地利用方式选择比较适宜的土地评价单元类型，即确定是仅仅对高度适宜的土地（S_1）和中等适宜的土地（S_2）进行评价，还是包括勉强适宜的土地（S_3）；（3）确定考虑哪一种投入水平，是高投入水平（如发达国家或地区投入水平），还是中等投入水平（如发展中国家或欠发达地区的投入水平）。

2. 为每一种已选定的土地利用方式和土地适宜性等级，估算其以实物形式的经常性投入。这种投入，既包括物质的投入（如种子、肥料、农药、燃料等），也包括非物质的投入，尤其是每种农事活动所需的用工量。对于较低适宜性类，往往需要较多的投入。同一适宜级中不同适宜亚级的土地，需要的投入也不同。例如：S_{2m}（m 为水分有效性）需要进行补充灌溉；S_{2n}（n 为养分有效性）则需要高的肥料投入。这一步工作量较大，需要填写多种计算附表。

3. 估算实物产量。对于种植业，则指估算农作物的单产。这是土地经济评价中的基本资料。但实物产量的估算也是比较困难的一项工作。一般可通过试验，调查访问和查阅统计资料等获得这些资料。

4. 确定所有的投入和产出的单价。这包括物质的和非物质的投入单价，尤其是劳动力的单价。价格是很复杂的问题，通常必须对未来价格趋势做出估计。此外，要注意对产品和输入的相对价格的估计，例如农产品与肥料和燃料成本相比较的作物价格。

5. 估计农场或其他生产单元的固定成本。所谓固定成本，是指那些不能归属于某一特定生产经营项目的成本（如农场建筑物的维修费用），或不随生产经营项目的规模大小而变的成本。

6. 进行农场或其他生产经营单位毛利分析。利用上述 1~5 步所取得的资料，按以下步骤进行：

（1）对每一种选定的土地利用经营项目（如每一种作物），把经常性投入和估测的产量，与投入和产品的价格相结合起来，投入乘以单价为可变成本，产出（产量×价格）减去可变成本为此经营项目的毛利（边际效益）。在这一步，可对不同的作物、轮作方式或其他不同土地利用项目的组合进行比较，选择最佳的轮作方式或其他不同的土地利用组合方式，从而提高土地的经济效益。

（2）按每种土地利用项目所占土地面积计算其总毛利，并减去固定成本，便得到了某农场或其他经营单位的纯收入，即农场主或其他经营者所得到的盈利或亏损。一个土地利用方式如想求得经济上的生存，其农场净收入必须超过假定目标收入或正常利润。

例如表7-6以毛利的形式反映了三个土地评价单元A（肥力）、B（砂土）、C（壤土）与两种用途（玉米和烟草）组合的六种土地利用的投入与产出分析和计算。其计算细节作了简化。将毛利额与一定的经济适宜性分级指标相对应（如表7-7），则就可对土地评价单元进行经济适宜性分级（如表7-8）。

农业企业农用土地经济评价的毛利分析　　　　　　　　　　　表 7-6

土地单元	A（肥力）		B（砂土）		C（壤土）	
土地利用	玉米	烟草	玉米	烟草	玉米	烟草
肥料投入（kg/ha）	200	100	400	200	200	100
作物产量（kg/ha）	5000	1500	4500	1500	2000	300
单价 肥料（£/100kg）	12	12	12	12	12	12
作物（£/100kg）	4	20	4	20	4	20
肥料外的可变资本（£/ha）	20	60	20	60	20	60
固定资本（£/ha）	30	30	30	30	30	30
产值（£/ha）	200	300	180	300	80	60
可变成本（£/ha）	44	72	68	84	44	72
毛利（£/ha）	156	228	112	216	36	-12
毛利（£/ha）	540		440		60	
固定资本（£/ha）	150		150		150	
纯收入（£/农场）	390		290		-90	
纯收入（£/ha）	78		58		-18	

注：整个农业企业玉米2ha、烟草1ha、休闲地1ha、林地1ha。

土地经济适宜性分类指标　　　　　　　　　　　表 7-7

适宜性	指标	适宜性	指标
高度适宜（S_1）	毛利大于200£/ha	勉强适宜（S_3）	毛利50~100£/ha
中等适宜（S_2）	毛利100~200£/ha	不适宜（N）	毛利小于50£/ha

土地经济适宜性分类　　　　　　　　　　　表 7-8

土地用途	玉米	烟草	土地用途	玉米	烟草	土地用途	玉米	烟草
土地 A	S_2	S_1	评价 B	S_2	S_1	单元 C	S_3	N

（二）贴现现金流通分析法

一般说来，毛利分析法适用土地改良费用和其他基本建设投资费用不大的土地利用项目。如果土地改良费用和其他基本建设投资费用较大，则需要开展进一步的成本效益分析，其目的在于把土地改良费用和基本建设费用的最初投入与未来若干年内从这个投入中可得到的收入进行比较，其方法之一就是贴现现金流通分析，这种方法通常只适用于单项农用地。

贴现现金流通分析的原理是：在实施土地改良工程时，必须要在第一年或开头几年内支付建设投资费用，在以后的年份内，则以增加产量或利润的形式用收益偿还。例如，在灌溉工程或其他类似的农业改造基本建设项目中，初始的基本建设费用可导致若干年后农作物产量的稳定增长。贴现现金流通分析，就在于对最初支付的基建费用与未来不同时段所得收益进行比较。目前,用于基本建设的投资费用,如果不进行投资存入银行,则可以获得利息,即资本要发生增值,用利息率来表示某投资项目的价值。通过加上复利,并把未来的全部金额折算成同一时期的金额,即现在的 100 元,应该相当于 5 年后的 $100 \times (1+r)^5$ 元 = 161.05 元(利息率 r 为 10%),这样就可以进行不同时期的成本和收益比较。若一个土地改良项目获得的总收入扣除从开始到目前为止的利息后小于原始投资,那么这个项目的经济效益是一个负值,是不合算的。对于目前的投资项目,未来是否能够收益,要把全部投资和收益折算成现在的等值(一般称为现值)进行比较。所谓"贴现",就是附加利息的逆运算。例如,设贴算率为 0.1(即利息率为 10%),1 年后支付或收入的 100 元其现值为 $100 / (1+0.1) = 90.9$ 元;2 年后支付或收入的 100 元,其现值为 $100 / (1+0.1)^2 = 82.6$ 元。

贴现方法对成本或收益的处理是相同的。在一般情况下,在几年后支付的成本或收益的货币值,折合现值(V)表示为:

$$V = P \cdot 1/(1+r)^n \tag{7-5}$$

式中 $1/(1+r)^n$——贴现因素;

P——实际成本或收益;

r——贴现率。

限于篇幅,不再列入其具体的计算实例。

思 考 题

1. 简述农用土地的特点?
2. 农用土地评价的原则有哪些?
3. 试述农用土地自然评价的方法?
4. 试述农用土地经济评价的方法?

第八章 城镇土地评价

第一节 概 述

一、城镇的概念

居民点是人们聚居场所的总称，是配置各类建筑物、道路、绿化系统、交通设施及其他公共工程设施的地方。按居民点分布的地理位置、规模及其职能的不同，我国居民点分为城镇居民点和乡村居民点两类。高度集中与相对分散是两者区别的本质特征，乡村可视为一个广袤的"面"，城镇则不过是散布其间的一些人口高度密集的"点"。具有一定规模的，以非农业人口为主区别于农村居民点的一种居民点称为城镇。如县城及县城以上的居民点，工矿企业所在地及已批准设置镇建制的居民点，均属城镇范畴。

二、城镇土地的特点

城镇土地是指城镇建设规划区内的所有土地，具有如下特点：

（一）承载力是主要的

在人类的社会和经济活动中，城镇土地与农业土地不同，主要以其承载力服务于人类活动，与土地的自然肥力无关。城镇土地的自然属性集中表现在能为各种建筑设施提供地基和空间，能为城镇一切活动提供场所，虽然不同地段由于地质和其他条件不同，土地承载能力不尽相同，但是从总体来讲，城镇土地的有用性主要是其承载能力。

（二）位置的极端重要性

土地位置是影响城镇土地经济价值最重要的基本因素，是影响城镇地租和地价的关键，对级差地租具有决定性作用。城镇土地位置的优势不仅仅取决于土地距离城镇中心区的距离，而与交通运输、现代化通讯等具有密切的关系。同时，随着现代化科技和生产力的发展，城镇建设、产业布局、商业网点布局、基础设施等也会调整，从而引起土地位置的变化。

（三）使用功能的整体性

城镇是作为整体体现其所有功能，城镇是工业、商业、服务业、科技、文化的综合体，是生产、科技、金融、信息等多中心的综合中心，城镇的集聚效益是由城镇整体形成的。

（四）使用功能的相对固定性

城镇土地一旦被某部门利用，其物质形态往往存在数十年甚至上百年，除非特殊原因，一般不会随意改变。

（五）开发经营的集约性

城镇土地的开发利用具有高度集约性，在面积不大的城镇土地上，承载了远远高于农村土地上承载的人口、物质和财富。

（六）利用率和经济收益的不均衡性

由于土地开发经营集约度不一样，土地上的资本集聚也不一样，因而产生不同的经济效果，不同的经济收益。城镇中的一切活动，都是通过人联系起来的。使得人们利用土地的使用率高或低，最终影响到土地利用效益和土地经济收益的差异。

三、建设用地的概念

建设用地是指建造建筑物、构筑物的土地，包括城乡住宅和公共设施用地、工矿用地、交通水利设施用地、旅游用地、军事设施用地等。建设用地不同于城镇土地的概念，城镇土地是一个区域概念，即城镇范围的土地。就建成区的城镇土地而言，城镇土地是建设用地的一部分，除此之外，建设用地还包括存在城镇区域以内的交通用地、工矿用地、军事用地等。

第二节 城镇建设用地的适宜性评价

一、城镇建设用地的适宜性评价分类体系

城镇用地按综合分析和与其相关的各种自然环境条件的优劣，一般可分为三类：

（一）适宜修建的用地

这类用地是指地形较平坦、规整、坡度适宜，地质良好，不会被洪水淹没的地段。宜修建的用地，一般不需要或者只需要采取简单的工程准备措施就可以进行修建。具体要求是：

1. 非农田或者是该地区农业价值较低的低产田。
2. 土地允许承载力能达到一般建筑物地基的要求。例如一层的地基承载力为 $60\sim100kPa$。
3. 地下水位低于一般建筑基础的砌筑深度。例如一层建筑地下水位距地表的深度不小于 $1.0m$。
4. 不被百年一遇的洪水淹没。
5. 地形坡度符合城市各项建设用地的要求。
6. 没有沼泽现象，或采用简单的工程措施即可排除积水的地段。
7. 没有冲沟、滑坡、崩塌、岩溶等不良地质现象。

（二）基本上适宜修建的用地

这类用地是指必须采取一些工程措施，才能修建的用地。属于这类用地的地段，具体是：

1. 土地承载力较差，修建时建筑物的地基需要采取人工加固措施。
2. 地下水位高，需要降低地下水位。
3. 属于洪水淹没区，但洪水淹没深度不超过 $1\sim1.5m$，需采取防洪措施。
4. 地形坡度大，修建时需要采取一定的工程措施。
5. 地表积水或有沼泽现象，需要采取专门的工程准备措施加以改善。
6. 有不大的活动性冲沟、滑坡、沙丘等现象，需要采取一定的工程措施加以治理。

（三）不宜修建的用地

主要包括：

1. 农业价值很高的丰产田，拥有重要价值的需要保护的文物分布地区，已探明有开采价值的矿藏分布地区。

2．土地承载力很低。例如一般允许承载力小于60kPa和厚度在2m以上的泥炭层、流沙层等，需要采取复杂的人工措施才能修建的地段。

3．地形坡度陡，布置建筑很困难的地段。

4．经常受洪水淹没，淹没深度超过1.5m的地段。

5．有严重的活动性冲沟、滑坡、沙丘等现象，防治时需要花费很大工程量的地段。

6．其他限制建设的地段。如自然保护区、军事用地及其他永久性设施用地等。

应当指出，所谓不适于修建的用地，并不是指绝对不能进行修建的用地。若有特殊需要，必须选作修建用地时，则要采取特殊的工程技术措施，投入大量的资金和人力物力。之所以一般不选用这类条件极差的用地，是为了考虑城镇建设的经济合理性。

二、城镇建设用地的适宜性评价步骤

对城镇建设用地的适宜性评价，其评价的结果，主要是编制其适宜性评价图及评价图说明书。其步骤如下：

（一）选定基础底图，其图纸比例尺一般为1:5000或1:10000，或与总体规划图的比例尺一致。

（二）收集城镇域的自然环境资料及土地利用现状情况，有关的社会经济统计资料，或与此相关的有关地图、图像资料等。

（三）开展城镇土地适宜性评价图的编制：

1．进行地形图判读，即在地形图上判读出不同的地貌部位，通过地形判读而划分的地貌类型是城镇建设用地的土地适宜性评价的基本单元。

2．对水文资料加以分析和计算后，在地形图上画出一定周期的洪水（如百年一遇）淹没线和淹没范围，评定各地貌单元的洪水可淹没性等级。

3．根据地下水距地表深度，找出距地面1m、2m…的等深线，确定各种地貌类型地下水文条件对城镇建设的影响。

4．根据城镇建设的要求，圈出不宜修建的陡坡、活动性的冲沟和滑坡，遭受冲刷的地貌类型。

5．根据工程地质资料，画出不同的土层位置，并用不同的符号或颜色加以区分，不同的土层，代表着不同的承压力或其他工程性质。这里的土层，不是指土壤厚度，而是指1~5m深的地层。

6．勾画有用矿藏范围。

7．表示出采取简单的工程措施后，可作为修建用地的小型冲沟，采掘场和非活动性滑坡的地段。

8．表示出不宜修建的沼泽、洼地及采取简单措施后，可作为公园绿地的沼泽、洼地等。

9．高产农田和原有的工厂、道路、水源、文物保护地等不合适再修建用地的其他地段的区分。

最后，根据城镇建设用地分类标准，对地貌类型单元加以归并，得出城镇建设用地的土地适宜性分类，完成了其土地评价图的编制。

（四）进行城镇建设用地的土地适宜性评价图的地图清绘和整饰，编写评价图的图例说明。

第三节 城镇土地定级

城镇土地分等定级是城镇土地评价的重要内容,它是根据城镇土地的经济和自然两方面的属性及其在城镇社会经济活动中的地位和作用,综合评定土地质量,划分城镇土地级别的过程。

一、城镇土地定级的程序

(一) 准备工作

城镇土地定级是一项涉及面积广,工作时间长,需要投入较多的人力、物力、财力才能完成的一项技术工作,因此,为保证工作的顺利开展,须做好以下准备:编写土地定级任务书;做好组织上、物质上的准备;收集和调查有关资料;资料整理及分值表的编制。

(二) 定级因素权重及因素选择

由于影响城镇土地定级的因素很多,不可能都被选择为定级因素,可根据其重要性和差异性确定土地定级因素。同时,还要科学地确定土地因素的权重,才能正确揭示各因素对土地的影响。

(三) 土地定级单元的划分及其指标取样

按照一定的原则划分的城镇土地定级单元是各定级因素分值计算的基础,也是土地级别划分的基本空间单位。划分后的土地定级单元,可以按其所具有的土地特征值,对照各因素分值评分表,评出各单元的因素得分和总分值,作为评定土地级的基础。

(四) 土地级别的确定

当确定了因素权重和定级因素以后,则需要根据各单元因素指标,综合评定各单元质量。通过单元的因素指标值而得到单元质量综合分值,根据土地因素的指标差异可以初步确定土地级别。但在效益上表现如何,则需要进行级差收益预算。

(五) 成果整理及检查验收

土地定级成果整理工作包括:面积量算、土地定级图的编制和土地定级报告的编写等。同时为保证成果质量,每阶段完成后必须认真自检和互检,全部完成后要进行全面自检,在此基础上再提请上级进行验收。

二、城镇土地定级单元的划分

(一) 土地定级单元的概念

定级单元是评定和划分土地级别的基本空间单位,是内部特性和区位条件相对均一的地块。定级单元在土地定级中既是一个能完整反映自身特性的最基本地块,同时也是工作中取样和获得数据的工作单位,为保证定级精度,定级单元的大小要合适。

(二) 单元划分原则

1. 单元内主要定级因素的影响大体一致。单元内主要定级因素分值差异不得 $\geqslant 100/(N+1)$ (N 为拟划分的土地级数目)。

2. 单元面积确定在 5~25ha 之间。在城镇中心区单元面积较小些,边缘区较大些。

3. 明显属于同一商服中心、文体设施、交通枢纽等整体的区域,不能分割为不同单元。

4. 除交通用地外,兼有商业等多种用途的道路,不能作为单元之间的分界线。兼做商业用的道路，往往形成一个整体，道路两侧不仅是等效的，而且是互补的。所以，在划分单元中，一般不能把紧邻道路两侧的地方划为不同的单元。

5．划分的单元能方便地进行因素取样，并能保证分值计算的准确性和科学性。

（三）单元间界线选用的原则

1．自然线状地物。

2．城镇中的铁路。

3．交通道路（兼有商业娱乐等多重作用的干道除外）。

4．权属界线或权属单位内部的土地类型界线。

5．行政区划界线。

6．其他地物。

（四）单元划分的方法

1．叠置法　本法是将采用主要因子图重叠，由此而产生不同的图斑，再依单元划分的原则进行图斑的修订、最后形成单元。

2．网格法　分动态网格法和固定网格法。这两种方法都是以一定大小的网络作为评价单元。

3．均质地域法　同一种利用类型的土地，如果是聚集在一个不太大的地域上，即可将这样的地域称之为均质地域。应将所有的商服中心标定在工作底图上，并依据它们的影响能力划分出各自影响范围的大致界线。在此封闭的图斑内，利用不同的单元区分中心商服单元、住宅办公楼单元、工厂单元等。

三、影响城镇土地定级的因素

影响城镇土地定级的因素因子很多。因素的结构是分层次的，有的因素由几个因子组成。在土地分等定级工作中，只有按同一层次的因素和因子进行评分，才能相互累加和比较，因素因子体系见表8-1。由于影响土地定级的因素因子很多，各地情况千差万别，所以说在定级工作中，不可能将表8-1列举的因素因子全部做出评价，只能根据各地具体情况取舍，大体要考虑以下原则：

城镇土地定级因素表　　　　表8-1

定级因素	繁华程度	交通条件				基本设施状况		环境状况				人口状况
	商服繁华影响度	道路通达度	公交便捷度	对外交通便利度	路网密度	生活设施完善度	公用设施完备度	环境质量优劣度	文体设施影响度	绿地覆盖度	自然条件优越度	人口密度
选择性	必选	至少一种必选		备选		至少一种必选		备选				备选
重要性顺序	1	2 或 3				3 或 2		4 或 5				5 或 4
权重值范围	0.2 至 0.4	0.3 至 0.05				0.3 至 0.05		0.2 至 0.03				0.15 至 0.02

1．影响大，对分级具有重要作用。所谓"影响大"包括对任何城镇的土地都具有举

足轻重的影响，影响的大小又与因素的权值有密切关系，权值愈高，因素愈重要。

2．覆盖面广，适用于城镇各类用地。土地分级的对象是整个城镇建成区，要求参评因素对城镇每个土地单元都有一定的影响，否则易产生不均衡的现象。

3．反映土地质量的差异。城镇土地定级实质上就是揭示土地等级质量的差别。

四、城镇土地定级因素赋分方法

城镇土地定级因素赋分方法是将定级因素指标定量化，计算出因素的作用分值，借以反映该因素在单元内表现出的优劣度。

（一）分值计算

1．作用分值与土地的优劣成正相关，即土地条件越好，作用分值越高；总分值越大，土地越优，土地级别越高。

2．分值体系采用0～100分的封闭区间。为了使定级工作规范化和数据便于处理，城镇土地定级中采用0～100分的封闭区间体系，因素、指标的优劣均在0～100分内计算其相对分值。最优的条件取值100，相对最恶劣的条件取值0分，其余作用分值据此推算。

3．作用分值只与因素指标的显著作用区间相对应。由于作用分值体现定级因素的相对优劣，进而影响到土地级别，因此只有在显著作用区间内考虑指标的相对作用分值才能衡量土地的相对优劣。

（二）不同类型因素分值计算的一般方法

1．面状土地因素分值计算方法

以面状形式分布并对土地质量发生影响的土地定级因素，其定量转换方法为：先对各因素资料进行整理，按因素与土地质量相关性的特点，计算出各地域或土地单元的土地指标值，然后，以一定的数学模型求出各土地指标值的作用分值。一般常用模型为：

$$f_i = 100(X_i - X_{\min})/(X_{\max} - X_{\min}) \tag{8-1}$$

式中　　f_i——为某土地指标值的作用分；

$X_{\min}$、$X_{\max}$、X_i——分别为指标的最小值、最大值和某值。

2．点、线状土地因素分值计算方法

其定量化方法是：先在各因素内按规模或类型求出各点、线因素自身的相对作用分，最大值为100；然后，计算因素内各相同规模或类型的点、线的平均作用距离或平均影响范围，并划出若干相对距离区间；最后根据不同因素及其影响随距离变化的特性不同，选取不同的数学模型，计算各相对距离上的作用分。一般常用的计算模型有线性和非线性两种，典型的线性模型表达式为：

$$F = M(1 - r) \tag{8-2}$$

典型的非线性模型表达式为：

$$F = M^{(1-r)} \tag{8-3}$$

式中　F——某土地指标在某一相对距离上对土地的作用分；

　　　M——某土地指标的作用分基值；

　　　r——地块的相对距离（$r = d/D$ 计算，其中 d 为某点、线因素距某地块的实际距离，D 为某点、线影响半径）。

（三）土地因素分值具体计算方法

1．商服繁华影响度分值计算

(1) 商服中心规模指数和各级繁华作用分的确定

首先在商服中心所在的区域内，选择商服业繁华状况突变的地段，以明显地物或非商服的建筑作为商服中心边界。依据下列两个原则：一是商服中心的销售总额、总利润、营业面积、企业个数等经济指标的高低；二是利用有关部门已有的划分，加以适当调整。将城镇的商服中心划分为市级、区级、小区级、街区级等中心，级别层次的数目一般为：特大城市、大城市2~4个层次；中等城市2~3个层次；小城市以下1~2层次。

计算相对规模指数。将城镇最高级中心定为最高值（100），其余按相对规模指数公式算出：

$$M_i = 100 A_i / A_{\max} \tag{8-4}$$

式中　M_i——某商服中心规模指数；

　　　A_i——某商服中心经济指标实际值或某级中心指标平均值；

　　　$A_{\max}$——最高级商服中心的经济指标。

对于同一中心内包含的各功能层次的量称为繁华作用分，各级繁华作用分的计算，采用次级中心规模扣除法，计算公式：

$$F_i = M_i - M_j$$
$$F_{\min} = M_{\min} \tag{8-5}$$

其中　M_i、M_j、$M_{\min}$——分别为某级、次一级和最低级中心的规模指数；

　　　F_i、$F_{\min}$——分别为某级作用分和最低级作用分。

(2) 商服中心相对距离和影响度得分计算

各功能的影响半径一般是按照各级中心规模确定的近似地把商服中心所在的区域和服务范围看做是其影响范围，以中心到边缘的距离作影响半径，按下式计算：

$$d = \sqrt{\frac{S}{\pi n}} = 0.564 \sqrt{\frac{S}{n}} \tag{8-6}$$

式中　d——影响半径；

　　　s——某城镇总面积；

　　　n——同级功能的数目（等于同级中心数+高级中心数）。

在获得各级功能的影响半径后可计算各相对距离区间，不同计算公式为：

$$f = \frac{d_i}{d} (0 \leqslant r \leqslant 1) \tag{8-7}$$

式中　r——相对距离；

　　　d_i——某级中心影响半径内，某点距中心的实际距离；

　　　d——该商服中心影响半径。

(3) 地块上繁华影响度分值叠加

繁华影响度与各中心的级别、数目、距离有密切关系，各地块上繁华程度由各影响度分值叠加后反映出来。繁华影响度是距离的函数，其大小随距离的增加而递减，其计算公式为：

$$f_i = F_j^{(1-r)} \tag{8-8}$$

式中　f_i——繁华影响衰减分值；

F_j——商服中心内某级繁华作用分;

r——相对距离。

2. 道路通达度的分值计算

道路通达度分值是对土地通达性的定量描述,计算步骤如下:

(1) 道路的作用指数和作用分计算

作用指数是某类道路在城镇交通运输中所具有不同作用的反映,其作用大小顺序一般为:混合型主干道、生活型主干道、交通型主干道、生活型次干道、交通型次干道、支路。指数与道路作用或车流量大小成正比,数值在0~1之间,最佳道路的作用指数值等于1,其余依次递减。道路通达作用分按下式计算:

$$F_i = 100 K_i \tag{8-9}$$

式中 F_i——某类道路通达作用分;

K_i——该类道路作用指数。

(2) 确定道路影响距离,计算相对距离

主干道、次干道影响距离按实际推算,其公式为:

$$d = \frac{S}{2L} \tag{8-10}$$

式中 d——主干道或次干道影响距离;

S——城镇建成区面积;

L——主干道或次干道长度。

对不同道路类型对应划分3~10个的相对距离区间,其相对距离按下式计算:

$$r = \frac{d_i}{d} (0 \leqslant r \leqslant 1) \tag{8-11}$$

式中 r——相对距离;

d_i——某类道路影响距离内,某点距该道路的实际距离;

d——该类道路影响距离。

将各道路类型功能分 (F_i),相对距离 (r) 代入 $f_i = F_j^{(1-r)}$ 式中,即可求出道路通达度分值。

(3) 道路通达度得分取值及修订

第一,当同时存在多种道路类型影响时,取其中最高的得分值;

第二,得到通达度得分后必须加以修订,即通达系数修正,才能获得正确的通达分值。将地块(或单元)上的得分值乘以通达系数后,得到道路通达度分值。即

$$F_i = f_i \cdot K_i \tag{8-12}$$

式中 F_i——道路通达度分值;

f_i——地块上取到的通达度得分;

K_i——地块通达系数。

3. 公交便捷度的分值计算和修订

公交便捷度分值的计算和修订的步骤如下:

(1) 计算站流量和公交便捷作用分的确定。站流量取一定区域内各个公交站点的每小时停车量之和。当同一公交线路的各站点均为必停站点时,可用线路中各向车流量之和代

替，各公交线路站流量每天统一按 12～16h 计算其平均值。

公交便捷按站流量由高到低依次划分为 3～15 个档次，各档次的公交作用分由下式计算：

$$F_i = \frac{100B_i}{B_{\max}} \tag{8-13}$$

式中　F_i——公交便捷作用分；

　　　B_i——某公交站流量值；

　　　$B_{\max}$——最大公交站流量值。

（2）公交站点服务半径和相对距离的计算

服务半径以站点为原点，统一在 0.3～0.5km 之间确定，站点密的城镇定小一些，站点疏的城镇半径取大一些。相对距离计算按下式：

$$r = \frac{d_i}{d} \quad (0 \leqslant r \leqslant 1) \tag{8-14}$$

式中　r——相对距离；

　　　d_i——服务半径内某点距站点的实际距离；

　　　d——公交站点服务半径。

（3）公交便捷作用分取值及修订

1）将公共便捷作用分（F_i）和相对距离（r）代入公式 $f_1 = F_j^{(1-r)}$ 中或查距离分值表，即可得到不同相对距离上各档次公共便捷作用分。

2）便捷得分取值后，还须加以修订才能获得正确分值。

3）将单元（或地块）的便捷度得分值乘以通达系数，可得到公交便捷度分值。即按下列公式计算：

$$F_i = f_i \cdot K_i \tag{8-15}$$

式中　F_i——公交便捷度分值；

　　　f_i——地块（或单元）上取得的便捷度得分；

　　　K_i——地块的通达系数。

4．对外交通便利度的分值计算

（1）确定对外交通便利度中设施类型、数目和作用分

对外交通设施指的是火车站、港口、长途车站等城镇中对外经营的客货运输站（不包括单位自有的接轨站、专用码头等），主要由设施在城镇对外交通运输中的地位和作用确定。

（2）作用指数和作用分计算

按照某类设施在对外交通运输中的重要程度，指数与设施作用大小成正比，数值在 0～1 之间，最佳作用指数为 1，各值之和等于 1。设施作用分计算按下式：

$$f_i = 100K_i \tag{8-16}$$

式中　f_i——某设施作用分；

　　　K_i——该设施作用指数。

（3）对外交通设施服务半径和相对距离确定

服务半径以各设施为原点,范围分别确定在 2~20km 之间,各设施划分 3~5 个相对距离区间,相对距离按下式计算:

$$r = \frac{d_i}{d}(0 \leqslant r \leqslant 1) \tag{8-17}$$

式中　r——相对距离;
　　　d_i——某设施服务半径内,某点距设施的距离;
　　　d——该设施的服务半径。

(4) 不同相对距离对外交通便利作用分值分计算

$$F_i = f_i(1 - r) \tag{8-18}$$

式中　F_i——不同相对距离上的对外交通便利作用分;
　　　f_i——某设施作用分;
　　　r——相对距离。

5. 生活设施完善度分值的计算

(1) 确定完善度中设施类型和作用分

确定城镇内生活设施完善度的类型数,然后按各个设施与日常生活的密切程度决定设施作用系数,一般按设施技术水平、设施服务方式或设备分布密度分出 2~4 个相对系数,数值在 0~1 之间,系数值之和等于 1。计算公式为:

$$F_i = 100K_i \tag{8-19}$$

式中　F_i——某设施作用分;
　　　K_i——该设施作用系数。

(2) 确定设施水平指数和使用保证率

按同类设施中不同技术水平、分布密度、服务方式等相对差异,分为 2~4 个层次,并给予 0~1 之间的指数值,各指数值之和等于 1。按各设施(水、电、气、热等)使用的持续率、可靠率和保证率分别划出 2~5 个层次,以%表示,以 0~1 之间相对值进行计算。

(3) 计算完善度分值

按下列公式分地块(或单元)对每种设施在各指标状态下的分值计算:

$$f_i = F_i \cdot a_i \cdot b_i \tag{8-20}$$

式中　F_i——某设施作用分;
　　　f_i——某设施完善度得分;
　　　a_i——某设施的设施水平指数;
　　　b_i——某设施的某个使用保证率。

6. 公用设施完备度分值的计算

公用设施是指与日常生活密切相关的中小学、医院、诊所以及除商业中心以外副食、粮油、煤店、邮电所、浴池等,由于各设施与日常生活的密切程度和作用大小不同,一般可用指数来表示,指数与设施作用大小成正比,数值在 0~1 之间,各指数值之和等于 1。设施作用分按下式计算:

$$F_i = 100K_i \tag{8-21}$$

式中　F_i——某设施作用分；
　　　K_i——该设施的作用指数。

由于公用服务设施的影响分值，不随距离发生变化，在其服务半径之内的单元都取该设施的作用分值，在服务半径以外的单元不得分。

7．环境质量优劣度分值的计算

城镇中环境的优越程度由环境质量优劣度、文体设施影响度、绿地覆盖度和自然条件优越度等因素共同影响。由于各城镇环保资料的差异，计算作用分值时往往要依据实际资料情况采用三种不同的方法计算：

（1）具有环境质量综合评价成果的城镇，计算式为：

$$F_i = \frac{100(X_i - X_{\min})}{X_{\max} - X_{\min}} \tag{8-22}$$

式中　F_i——优劣度分值；
　　　X_i——某评价指数、等级值；
$X_{\max}$、$X_{\min}$——分别为指数最大值、最小值。

（2）只有单项环境污染数据的城镇，首先分析各单项污染对土地环境状况的影响程度，按影响大小决定各自的作用系数，系数与影响大小成正比，系数在 0~1 之间，各系数值之和等于 1。

根据作用系数计算各环境项目的作用分。其公式为：

$$F_i = 100R_i \tag{8-23}$$

式中　F_i——作用分；
　　　R_i——作用系数。

各单项污染状况按优劣计算分值，公式为：

$$f_i = \frac{F_i(X_i - X_{\min})}{X_{\max} - X_{\min}} \tag{8-24}$$

式中　f_i——某单项污染分值；
　　　F_i——作用分；
　　　X_i——某指标值；
$X_{\max}$、$X_{\min}$——分别为单项污染指数的最大值、最小值。

最后分地块分单元将各单项环境状况的分值进行加和，即可得到环境质量优劣分值。

（3）缺乏环境质量定量资料的城镇，只有采用定性判别的方法求算环境质量优劣分值。

8．文体设施影响度分值的计算

文体设施指与文化、体育活动密切相关的影剧院、俱乐部、体育馆场、游乐园等设施，各城镇可按设施在城镇文体活动中的地位和作用选定设施类型，确定市、区级设施的标准。其分值计算步骤如下：

（1）设施作用指数和作用分计算

作用指数反映某类设施对文体活动影响的程度，指数与设施级别高低、作用大小成正比，数值在 0~1 之间，各指数值之和等于 1。由作用指数推算出的设施影响大小的分值称为作用分。具体按下式计算：

$$F_i = 100K_i \qquad (8-25)$$

式中　F_i——某设施的作用分；

　　　K_i——该设施的作用指数。

（2）计算设施的服务半径和相对距离

服务半径是设施的主要影响范围，确定时，以设施为原点，按出行或使用各设施的方便程度分别划定，市级设施4~8km，区级设施2~3km。将服务半径划分为3~5个相对距离区间，公式为：

$$r = \frac{d_i}{d} \qquad (8-26)$$

式中　r——相对距离；

　　　d_i——某类设施服务半径内，某点距设施的距离；

　　　d——该类设施的服务半径。

（3）计算设施影响得分值

文体服务设施的影响分值，随着距离变化而变化，且呈直线衰减，因此将设施作用分（F_i）、相对距离（r）代入得分直线衰减公式 $f_i = F_i(1-r)$，即可算出各个与相对距离区间有关的得分值。

（4）单元或地块上的分值计算

在单元或地块上按文体因素中所含各设施得分，进行加和。

9．人口密度、绿地覆盖度、路网密度的分值计算

由于上述三个因素的指标值和分值均与面积有关，计算指标值的区域或单元大小对指标值影响较大，因此，在计算时要十分注意选取的典型区域或单元的面积既要具有代表性又不能过大。

（1）因素指标值的计算

1）人口密度：

$$D_i = \frac{P_i}{S} \qquad (8-27)$$

式中　D_i——人口密度；

　　　P_i——某区域或单元内人口总数；

　　　S——区域或单元面积。

2）绿地覆盖度：

$$V_i = \frac{S_i}{S} \qquad (8-28)$$

式中　V_i——绿地覆盖度；

　　　S_i——某地域或单元内绿地面积；

　　　S——区域或单元面积。

3）路网密度：

$$D_i = \frac{L_i}{S} \qquad (8-29)$$

式中　D_i——路网密度；

L_i——某区域或单元内道路总长；

S——区域或单元面积。

(2) 因素分值计算

因素分值是按照各因素与土地的关系赋值的，路网密度与绿地覆盖指标值是从低到高，相应分值从 0 到 100 分；人口密度指标自最小密度到最佳人口密度时，相应分值从 0 到 100 分，而自最佳人口密度到最大人口密度时，分值则自 100 分开始下降。

三种因素的计算分值时，均应用下式：

$$f_i = \frac{100(X_i - X_{\min})}{X_{\max} - X_{\min}} \tag{8-30}$$

式中　f_i——因素得分值；

$X_{\min}$、X_i——分别为因素指标的最小值和某指标值；

$X_{\max}$——对于路网密度和绿地覆盖度是最大值，对于人口密度是最佳人口密度。在运用上列公式时，对于人口密度来说，确定了人口密度最佳值后，对大于人口密度最佳值的指标值须按下式处理：

$$X_i = 2X_g - X_{\max} \tag{8-31}$$

式中　X_i——经处理后的指标值；

$X_{\max}$——最大的人口密度指标值；

X_g——本城镇最佳人口密度指标值。

则人口密度作用分计算公式为：

$$f_i = \frac{100(X_i - X_{\min})}{X_g - X_{\min}} \tag{8-32}$$

式中　f_i——人口密度作用分；

X_g——密度最佳值（城镇人口未达到最佳值时取最大值）；

$X_{\min}$、X_i——分别为密度最小值和某数值。

10. 自然条件优越度作用分值计算

自然条件包括土地的工程地质、地形、地下水、洪水淹没等状况，定级时要根据城镇内部大的自然条件差异，选择指标，确定评分标准，编制作用分值表。其他自然条件状况可根据当地实际收集的有关资料，通过分析，找出规律后参照上述方法确定。

五、城镇土地定级因素权重的确定

(一) 确权原则

权重是定级因素重要性程度的量度，是一个因素对土地质量影响程度的体现。只有科学地确定土地因素的权重，才能正确地揭示各因素对土地质量的影响。确定时应掌握以下原则：

1. 权重值的大小与因素对土地质量的影响成正比。将选定的因素，按作用大小分别赋值，作用大的权重值高，作用小的权重值低，其排列依重要性顺序，从高到低依次排列。

2. 各因素权重值在 0~1 之间变化，各选定因素权重值之和等于 1。

(二) 确权方法

1. 特尔菲测定法

特尔菲测定法是一种常用的技术测定方法。它以客观地综合多数专家经验与主观判断为技巧,它能对大量非技术性的无法定量分析的因素做出概率估算,并将概率估算结果告诉专家,充分发挥信息反馈和信息控制的作用,使分散的评估意见逐渐收敛,最后集中在协调一致的评估结果上。其主要程序为:

(1) 确定因素、因子 具体工作中一般是由组织者在参考大量资料的基础上,事先拟定好供讨论与选择的因素与因子。

(2) 选择专家 特尔斐法主要是通过专家对定级因素、因子权重作出概率估计,因此,专家选择是测定成败和定级工作质量高低的关键。其主要要求有:1)要求专家总体的权威程度较高;2)专家的代表面应广泛;3)严格专家的推荐和审定程序;4)专家人数要适当。

(3) 设计评估意见征询表。

(4) 专家征询和轮询的信息反馈 因素征询、因素评估、轮询信息反馈到再征询一般为2~3轮。

(5) 权重值计算 按下式计算:

$$W_i = E_i/100 \tag{8-33}$$

式中 W_i——某因素的权重值;

E_i——该因素经多轮打分后的平均值。

2. 因素成对比较法

因素成对比较法主要通过因素间成对比较,对比较结果进行赋值、排序。该方法是系统工程中常用的一种确定权重的方法。

该方法应用有两个重要的前提:(1) 因素间的可成对比较性。(2) 因素比较的可转移性。设有 A、B、C 三个因素,若 A 比 B 重要,B 比 C 重要,则有 A 比 C 重要。

采用此法时应注意:(1) 因素成对比较法,一般采用0、0.5、1三种值,赋值方法虽简练,但显得比较粗糙;(2) 比较的重要性传递关系仍要符合成对比较法的前提($A > B$,$B > C$,则 $A > C$);(3) 为了使成对比较法的结果更为精确,避免个人主观影响过大,可结合采用特尔菲测定,让专家对因素重要性做出判断后,再将结果整理,用于因素成对比较。

3. 层次分析法

层次分析方法,简称 AHP 方法,也称多层次权重分析决策方法。这种方法的优点是定性与定量相结合,具有高度的逻辑性、系统性、简洁性和实用性,是针对大系统中多层次、多目标规划决策问题的有效决策方法。

层次分析法的基本原理就是把所要研究的复杂问题看做一个大系统,通过对系统的多个因素的分析,划分出各因素间相互联系的有序层次;再请专家对每一层次的各因素进行客观的判断后,相应给出相对重要性的定量表示,进而建立数学模型,计算出每一层次全部因素的相对重要性的权值,并加以排序;最后根据排序结果进行规划决策和选择解决问题的措施。

六、城镇定级因素总指数计算

目前城镇土地定级多采用多因素综合评定法,即采用多因素加权分值和法计算土地的总分值,其具体方法为:

首先假设城镇土地评价中选取 m 个因素,每个因素中又包含 n 个因子,则城镇土地评价单元由某个因素的评价值等于各因子分值累加之和,即:

$$P_i = \sum_{j=1}^{n} F_{ij} \cdot W_j \tag{8-34}$$

式中　P_i——i 因素的分值;
　　　F_{ij}——i 因素中的 j 因子的分值;
　　　W_j——第 j 因子的权重值。

其次设 P 为某城镇土地某评价单元的总评分值,W_i 为第 i 因素的权重值,则该评价单元的总分值由下式来得:

$$P = \sum_{i=1}^{m} P_i \cdot W_i \tag{8-35}$$

式中　P——某单元的总分值;
　　　P_i——第 i 因素的分值;
　　　W_i——第 i 因素的权重值。

七、城镇土地级别的确定

在城镇土地定级工作中,当对各因子、因素分值计算工作完成后,就可进行土地级的初步划分。这项工作包含两个方面,一是各单元综合分值的计算;二是级的初步确定。

单元综合分是将获取的各单元综合分值,用因素加权分值和法获得,由于权重揭示了各因素对土地质量贡献的比例,把单元内各因素指标和权重的贡献加在一起,所以能大致准确地反映该单元的综合质量。在求得各单元综合分值后,可采用数轴法、剖面图法、总分频率曲线法,进行土地级的初步划分。

(一) 总分数轴法

总分数轴法把单元总分值看成是一维变量绘制于数轴上方,按分值在数轴上方的分布状况划分土地级别的分界线,以此为标准划分土地级别。具体方法:

1．建立数轴,每个单元的总分在数轴上方有惟一的一个点与之对应;
2．将每个单元的总分值标注在相应的数轴上方;
3．根据总分在数轴上分布的密集与疏散程度,在分值点相对稀疏处设立分界线,得到与土地级别相对应的总分值区间;
4．根据所划分的总分值区间划分土地级别。

(二) 总分剖面线法

选择能反映土地质量变化规律的方向,将该方向单元总分值绘制成分值随距离变化的剖面图,根据剖面图总分值曲线形状、变化规律划分土地级别。这种方法的主要依据是,认为土地质量的变化在一定的区域内是连续的,特定方向上的总分剖面图能反映土地质量总的变化规律。该方法在应用时要注意选择有代表性的特定方向,并仔细考察剖面图上总分值曲线变化特点,选择土地级的边界点。

(三) 总分频率曲线法

这种方法是以总分值为样本,对其进行频率统计。绘出直方图和相应的频率曲线,结合土地实际情况,选择若干个频率曲线突变处,作为级别分界线。

实践中常综合运用上述几种方法。如总分数轴法比较直观,易于操作,与剖面图法互相参照，结合使用，可提高精度。

通过上述方法初步划分的土地级别，还需要进行级差收益测算，对初步结果进行校核。当测算结果表明对区位最敏感的行业在效益上都不存在差异时，则可以将土地的级别进行修订和归并，即进行土地级别的最后确定。

思 考 题

1. 城镇土地的特点有哪些？
2. 城镇建设用地的适宜性评价有那几个步骤？
3. 城镇土地定级单元划分的原则和方法？
4. 如何选择城镇土地定级因素？
5. 城镇土地定级的工作程序？

第九章 旅游土地评价

第一节 概 述

一、旅游土地评价的概念

（一）旅游的概念

旅游即离开住所外出旅行或游览，或称观光。旅游成为一种社会现象是社会进步、经济发展的必然结果。随着现代高科技产业的迅速崛起，人们逐渐从繁重的体力劳动中解放出来，拥有余暇时间和可随意支配收入的现代人把旅游作为一种特殊的生产方式和消费形式。它是涉及经济、政治、社会等许多方面的综合性社会活动。

旅游的构成与发展有赖于三大基本要素：旅游主体（旅游者）；旅游客体（旅游资源指对旅游者具吸引力的自然存在和历史文化遗产，以及直接用于旅游目的的人工创造物）；旅游媒介（如交通、宾馆、旅行社等，指包括为实现旅游而服务的组织、交通、接待设施、旅游商品、宣传职能部门）。

旅游是一种有益的社会交往活动。旅游活动的深入开展可以促进社会的进步、经济的繁荣、科技文化的交流、国家的发展等。

（二）旅游土地

旅游土地是指风景优美、景观奇特等具有观赏价值的土地，包括人文因素在内的能吸引游人、能满足旅游需求功能的场所。它包括若干规模不同的区域：旅游点（风景点）、旅游区（旅游风景区）、旅游区域（旅游资源区域）、旅游城市（旅游中心）。它是土地利用的一种方式，是供人们进行旅游活动，具有一定经济结构和形态的旅游对象的地域组合。它的作用是为旅游活动提供物质源、活动场所、环境条件、承压承载、承蓄承贮等。

狭义的旅游土地是指风景旅游区内具有吸引功能和观赏价值的岩石风化物和土壤等。它的形成、发展和变化不仅受地质、地形、气候、水位、生物等自然条件的影响和制约。同时还受人文因素的巨大影响。

广义的旅游土地指风景旅游区内具有造景功能的各种自然与人文因素的自然综合体。它不仅包括了狭义的旅游土地，而且也包含了各种地质、地貌、气候、水体、动植物及其人文等垂直因素。

总而言之，旅游土地是风景旅游区内人们从事旅游活动的场所，是自然作用与人类活动之间进行物质循环、能量流动、信息传递的复杂系统。它是旅游业赖以发展的物质基础，既是旅游的客体，又是联系旅游主体和客体之间的中介。

旅游土地和旅游景观都是指自然的、人文的或两者组合构成的观赏对象的综合景象。即在一定时间和空间内，由自然和人文的各构景要素共同构成的风景，它们所属的景象实体都可以是自然地物，如山、河、海、云、霞、雾、雪、动植物等；也可以是人文的，如建筑、文物、文化艺术品、历史遗址等。因此，旅游土地和旅游景观之间并无差别。

（三）旅游土地评价

旅游土地具有自然赋予的生物生长能力和独特的造景功能。就旅游土地本身说，由于各种自然条件受到内、外营力的作用，形成了各种各样的大而全、多而奇、古而绝、稀而名、千姿百态、妩媚诱人的自然景观，具有明显的天赋性质，且往往多具有因地而异、因时而殊的特点。就其人文角度说，旅游土地又间接地塑造和孕育各种各样的人文景观，这是人类生产、生活活动的艺术成就和文化结晶，具有明显的历史性、艺术性、民族性，许多又具有因人而显、因物而名的特点。以上都是对旅游者产生吸引力因素的基础客体。

旅游土地评价，就是以旅游为特定目的，从质量方面认识旅游土地，并对旅游土地的价值水平、造景功能进行鉴定、评价或评估的一项活动。它的实质是以评价指标度（旅游土地资源的美、奇、古、名、特、用等）为尺度，来逐一衡量评价对象——旅游土地的各种景观要素，并进行综合、分析，从而评判出旅游土地质量的等级。

二、各地区的旅游土地评价

旅游土地资源作为旅游目的地是吸引旅游者的重要因素，在区域旅游开发过程中，首先对被开发地区的旅游土地资源做出尽量客观的评估，从而为旅游地的性质确定和旅游地开发规模的确定提供依据，从而使旅游地开发收到良好的经济、社会和环境效益。20世纪70年代，随着我国旅游业的迅速发展，许多学者投身于旅游研究，旅游资源的评价一直是一个研究的重点问题，在吸收国外相关研究成果的基础之上，中国旅游资源评价的理论基础和技术方法已获得较大的进展。目前，在旅游区划研究方面，一些学者根据教学、科研的需要提出一些不同的方案，有郭来喜的"中国旅游地理区划"，濮静娟等的"中国大陆地区旅游气候区划"以及陈传康的"中国旅游文化区划"；在旅游资源开发利用方面，国家已把旅游业发展正式纳入国民经济发展计划中。全国在旅游资源评价工作中，首先是对资源类型划分。典型的如中国科学院地理研究所1990年作的"中国旅游资源普查分类表"。具体分为：类与基本类型。前者指大类，后者指小类。共分为8个大类，108个小类。

第二节　旅游土地评价分析

一、旅游土地评价的目的

对旅游土地评价其实质就是对旅游地进行深入地剖析和研究，是旅游资源开发和旅游地建设的前提，其结果将对旅游资源开发利用的方向和旅游地的建设规模产生影响，同时，旅游地建成之后，为适应不断变化的旅游需求，还要继续对旅游资源及旅游地进行评价。主要包括以下几个方面：

（一）明确旅游土地的类型，确定旅游土地质量的等级，评估现有旅游土地在旅游开发建设中所处的地位。

（二）拟定未来旅游地域中旅游土地的结构（主次关系）和新的旅游土地开发计划。

（三）结合其他开发条件的评价，确定不同旅游区的建设次序。

总之，对旅游土地的评价，应该着眼于现有的开发程度、吸引能力和开发潜力，为进一步开发利用旅游土地，推动旅游业的持续发展提供理论依据和可行性论证。

二、旅游土地评价的原则

为更好地做好评价工作,切实地完成评价工作的任务,一般地应遵循以下几项原则:

(一) 旅游土地质量性原则

在进行旅游土地评价时,质量是评价的根本。因为质量越高,吸引力越大;反之,吸引力则微弱。

(二) 适宜性和限制性相结合原则

适宜性和限制性是针对旅游土地利用而言。土地适宜性是旅游土地特性对某种利用形式的适宜程度;而限制性恰是旅游土地特性对某种土地利用的不利影响。旅游土地的适宜性多,则为高等级的土地;相反,限制性多则是等级较低的土地。

(三) 主导性原则

在旅游土地评价中要特别重视那些限制性大、危害大的因子对旅游土地质量的影响,不能均等看待。

(四) 比较性原则

区域旅游土地质量分等进行比较,不同旅游土地进行比较,从而评判开发序位。

(五) 经济性原则

旅游土地评价建立在注意生态、社会后果的前提下,考虑经济效益。

(六) 综合分析、全面评价的原则

旅游土地包括许多方面的影响因子,所以评价时要综合分析,全面评价,恰当地选定评价指标。

三、影响旅游土地质量因素分析

(一) 旅游土地的吸引力

旅游土地的吸引力是旅游土地评价的主要依据,吸引力的大小又取决于景观要素的各种价值,通常表现为:

1. 历史价值　主要是指与重大历史事件和著名历史人物有关的历史古迹,文物价值等。
2. 美学价值　包括自然风光美感和强度、人文艺术的成就和价值等。
3. 科学价值　包括其在某一科学发展史上的地位及代表某一时代的科技水平以及在科学研究中的价值等。
4. 相关因素的数量和地位　指旅游地的旅游资源种类数量及其相邻的距离以及关系。
5. 环境质量　主要考虑旅游地的环境污染状况,环境宜人程度等。
6. 组合状况　指旅游资源的有机良好的组合程度等。
7. 季节差异　指旅游地的季节、气候等的变化状况和条件等。
8. 容量　指旅游资源自身或区域在同一时间的游人数量的容纳值。

(二) 旅游土地的开发条件

旅游土地的质量中,开发条件是一个旅游地评价中的主要经济影响因素。其条件主要有以下几个方面:

1. 地理位置条件　主要指旅游地与旅游客源的位置,距离等。
2. 交通条件　是指旅游交通便利程度。
3. 电讯条件　指旅游地与外界的联系方式和方便程度。

4. 服务设施条件　指旅游地区的接待、服务状况等。
5. 经济条件　指旅游区的经济状况、劳动力数量水平、农副特产品供应条件等。
6. 积极性条件　主要指旅游地区的政府对于旅游开发与发展的设想和支持。

（三）旅游土地的综合效益

主要是指旅游地区的年平均接待游人量；开发所需的投资量；客源预测；社会效益（开发利用的社会和文化意义，以及可能造成的对社会环境的不利影响）。

另外，对旅游土地进行评价，还必须考虑以下几种质量因素：一是旅游资源的时空特点；二是风景优美程度；三是风景稀缺程度；四是地形、土壤条件；五是游人数量。

四、旅游土地评价体系

（一）旅游环境承载力

旅游环境承载力常称旅游饱和度，是指在某一旅游地环境（旅游环境系统，即不是指单纯的自然环境，而是一个包含了社会、经济、自然环境在内的复合环境系统）的现存状态和结构不发生对当代人（包括旅游者和当地居民）及未来人的有害变化（如环境美学价值的损减，生态系统的破坏、环境污染、舒适度减弱等过程）的前提下，在一定时期内旅游地（或景点、景区）所能承受的旅游者人数。包括：

1. 资源空间承载量　由于旅游者对风景（旅游资源）的欣赏具有时间、空间占有的要求而形成的某一时段内（如一天）的游客承载数量。
2. 生态承纳量　指生态环境自身恢复能力所允许的游客数量。
3. 经济承载量　某一旅游地综合承载能力大小还取决于旅游经济条件，即满足旅客的衣、食、住、行等基本生活条件。主要包括食品供应、旅馆床位、水、电、煤气、热力、电话、交通车辆、停车场等诸多方面的供给水平和能承载的旅游者人数。
4. 心理承载量　指从心理感知上所能接受的旅游者数量（人/天）和旅游者心理承载量——旅客所能忍受的拥挤程度。
5. 旅游的社会地域承载量　由于每个旅游接待地区的人口构成、宗教信仰、民情风俗和社会文化程度不同，每个旅游地居民能相容的旅游者数量和行为方式也不同，二者之间可能存在一个最大的容忍上限，这个限度称之为旅游的社会性地域承载量。

（二）旅游密度

旅游密度是用来度量旅游资源的特点、规模和旅游接待的社会经济条件的重要经济指标之一，按其内容可分为以下几类：

1. 资源密度　指在一定地域上旅游资源的集中程度。
2. 旅游空间密度　指在一定时间内，旅游地接待或可能接待的游客量与其空间面积的比值。
3. 旅游人口密度　指接待旅客活动量与接待人口的比值。
4. 旅游经济密度　指接待游客活动量与接待地社会经济条件和旅游开发水平之间的比值。

一般而论，旅游资源密度和旅游资源容量之间有一个比较稳定的内在关系，前者展现出旅游发展现实的或可能的区域现象；后者展示旅游接待的限制性因素。如果实际的旅游活动量超出了客观的容量范围，旅游地的紊乱、不协调状态和破坏过程就会开始和加剧。

（三）旅游的节律性

又称季节性，指旅游地的自然条件（如气候）和旅游资源在一定阶段所发生的有节奏的变化，从而使旅游业出现淡季与旺季的变化。

（四）景观资源的艺术特色、科学价值与文化价值

这是难把握的指标，往往与人的审美观和价值观有关。旅游资源的这些价值和功能性，是关系到旅游开发规模、程度和前景的重要衡量标志，对其必须做出科学的评价。

（五）景观的地域组合

不同类型的旅游景点的布局和组合，是旅游地资源优势和特色的重要反映。若旅游资源密度大，相距近，又有多种类型的协调配合，并呈线形、环闭形或马蹄形游线排列，则是一个风景区最佳组合态势。

（六）旅游开发序位

根据已得出的各种量的指标，确定旅游资源开发难易程度及不同类型之间的关联程度，以决定各项旅游资源的开发顺序。

五、旅游土地评价方法

旅游土地评价是为旅游开发规模、开发主题方向、开发的阶段等提供基础依据，同时也为投资目标市场、设施设置等提供依据。世界上已有不少国家开展了这项工作，而对旅游业起步较晚的发展中国家来说，大多处于摸索开展之中，下面介绍几种旅游土地评价的方向。

（一）体验性评价

是指基于评价者（一般是旅游者，或旅游专家）对于评价客体的质量体验。根据评价的深入程度及评价的形式，可以分为一般体验性评价和旅游土地的美感质量评价。

1．一般体验性评价是由旅游者根据自然的亲身体验对某一或一系列的旅游地（旅游资源）就其整体质量进行定性评估，对于一系列旅游地进行一般体验性评价，其结果可以形成一个评价序列。这种评价由传播媒介或行政管理机构发起，且局限在已接待游客地，评价的目的多着眼于推销和宣传，评价的结构可使得某些旅游地提高知名度，客观上对旅游需求流向产生诱导作用。如《中国旅游报》1985年主持评选的"中国十大名胜"，国家旅游局1991主持评选的"中国旅游胜地四十佳"，以及西方一些畅销杂志每年向旅游者进行的"受欢迎的度假地"调查，都属于这种评价类型。这种评价的显著特点是项目很简单，甚至根本没有评价的细项，只要求就旅游地进行整体质量评价，或在问卷上按序号（表示质量优劣的顺序）填上评价者认定的旅游地即可。

2．美感质量评价一般是基于对旅游者或专家体验的深入分析，建立规范化评价模型，评价的结果多是具有可比性的定性尺度或数量值，其中对自然风景质量的视觉评估技术已经比较成熟。世界上对于自然风景的视觉质量评价的研究，起始于20世纪60年代。当时西方发达国家开始着手于环境保护，设立国家公园和自然保护区工作，与之相应要求有科学的自然风景评估作为政策和法令实施的前提和依据。20余年来，先后有许多风景资源规划与管理专家、地理学家、森林科学家、生态学家以及心理和行为科学家参与这一领域的研究。

（二）技术性评价

技术性评价在各类旅游资源和旅游地评价中应用最多。对于旅游资源进行充分的技术性评价，是旅游风景区或旅游地在规划和开发过程中不可少的重要环节。旅游资源的技术

性评价，是指旅游资源各要素对于旅游者从事特定旅游活动的适宜程度的评估，大量技术性指标运用是这类评价的基本特征。这类评价一般限定于自然旅游资源评价。旅游资源的技术性评价，可以是旅游资源因素针对确定的旅游活动进行适宜性评估，也可以就某种旅游活动所要求的各种旅游资源要素的组合状况进行技术性评价，根据资源要素的组合状况来确定这一旅游资源适于从事某种旅游活动的等级。如气候的适宜性评价，1989年刘继韩对秦皇岛市旅游生理气候的评价即属此类评价，另如地形的适宜性评价及资源要素组合的技术性评价。

（三）综合性评价

对于旅游资源或旅游地的综合性评估，是着眼于旅游地的旅游土地资源的整体性评价或旅游地的开发价值评估，有如下几个方面的含义和特点：评价的范围包括现实的（已开发的）旅游资源（旅游地）和潜在的（未开放的）旅游资源（旅游地）；评价的目的着眼于对不同地域的旅游资源（旅游地）进行开发价值比较，或规划与管理意义上的重要度排序；对于某一类型（以所适宜的旅游活动类型分）旅游资源（旅游地）评价工作遵循一个统一的评估系统，有着确定的通用评估标准；评价系统中的各被评估因子大都带有合适的权重值；评估的结果多是数量化的指数值。综合指数评估中必然要用到旅游土地资源体验性评价和技术性评价的结论，因此在对旅游资源或旅游地的综合性评价中，有时也包括了对旅游资源进行体验性评价和技术性评价的过程。许多西方学者所称旅游吸引力评价，或旅游潜力评价，实际上即是旅游资源或旅游地的综合评估。以下介绍旅游土地综合性定性评价和定量评价方法：

1. 定性评价方法。定性评价目前已有几种评价体系，如北京师范大学卢云亭采用的"三三六"评价方法，即"三大价值"、"三大效益"、"六大条件"。三大价值指旅游资源的历史文化价值、艺术观赏价值（又称美学价值）、科学考察价值；三大效益指经济效益、社会效益、环境效益；六大条件指景区的地理位置和交通条件、景物或景类的地域组合条件、景区旅游资源容量条件、旅游市场客源条件、旅游开发投资条件和施工难易条件。上海社会科学院黄辉实对旅游资源从两个方面进行评价，其评价体系是：

（1）旅游资源本身方面　可采用六个标准：

美　指旅游资源给人的美感。

古　指旅游资源有悠久的历史。

名　指具有名声的事物或与名人有关的事物。

特　指特有的、别处没有的或少见的资源。

奇　指给人以新奇之感的资源。

用　指给人有使用价值的资源。

（2）在旅游资源所处的环境方面　其评价体系是：季节性；污染状况，即旅游环境的质量；联系性；可进入性；基础结构；社会经济环境；旅游市场。这七个项目分属自然环境、经济环境和市场环境范畴，它们对旅游资源的开发利用价值影响颇大，评价时必须进行客观的定性描述。

此外，黄辉实还提出资源开发的成本问题，他认为在评价旅游资源时，对单位成本、机会成本、影子成本、社会定向成本等也要有个约略的估计。定性评价时由于描述的对象不同，所以用的标准变化也很大。评价者可根据资源的实际情况加以创造。但是此类评价必须遵循3个公认的基本原则：

1) 实事求是的原则　即对资源的价值作用必须进行如实的科学评估，既不夸大，也不缩小，力求做到恰如其分。

2) 高度概括的原则　定性评价是以大量第一手资料为基础的。因此评语不宜太细腻、太琐碎，力求以明确、简练的描述，概括出旅游资源的价值、特点和功能。

3) 力求数据的原则　定性评价虽不属定量评价，但在评价中要尽量减少主观色彩，多向定量、半定量评价倾斜，努力使定性评价实现数据化。

2．定量评价方法。定量评价又分为单项评价和综合评价两种。前者以旅游景观的构景要素为单元进行评价，如水体风景评价、气象气候风景评价、地质风景评价等。后者是将所有景观构景因子综合起来，对一个旅游区或旅游地进行总体评价。这里仅简要介绍综合价值法，并以浙江杭州大学提出的综合价值评价模型为例。

旅游资源的开发价值是由它的综合价值决定的，而综合价值实质上是各单项价值的总体体现。因此，评价时先进行单项评价，然后将各单项的值按不同权重相加。一般，综合价值评价分三项进行。

(1) 景观价值特征评价模型如表9-1。表中各评价参数可再列出子模型，如优美度模型等。

景观价值特征评价表　　　　　　　　　　表 9-1

参　数	权重（%）	记 分 等 级				
		10~8	8~6	6~4	4~2	2~0
1 要素种类	10	非常全	比较全	比较多	还多	不全
2 优美度	25	非常美	很美	比较差	一般	不美
3 特殊度	15	罕见	少见	较少	较普遍	很普遍
4 规模度	15	宏大	很大	较大	较小	很小
5 历史文化科学价值	25	极高	很高	较高	一般	不高
6 景象组合	10	极佳	很好	较好	一般	不好

(2) 环境氛围评价模型见表9-2。还值得提及，长沙国家遥感中心艾万钰提出的景区环境质量评价模型：

$$P = \sum_{i=1}^{n} C_i P_i = C_1 P_1 + C_2 P_2 + C_3 P_3 + \cdots + C_n P_n \qquad (9\text{-}1)$$

式中　P——景区环境质量指数；

　　　P_1——大气质量；

　　　P_2——酸雨；

　　　P_3——土壤及母质；

　　　P_4——地表水体定量；

　　　P_5——地下水质量。

这些因子在评价之前还可运用污染指数法、加权污染指数法、内梅罗指数法、双指标指数法进行评价分级，然后再供专家团作最终综合评价。艾先生根据环境质量指数法将景区分成三级：一级为极清洁级，未遭受污染或只有个别指标超过背景值，$P_i>80$分；二级为清洁级，即个别指标超标，但不甚严重，或个别属天然环境质量不良，$P_i>60$分、<80分；三级为不清洁级，即两种以上的指标超标，$P_i<60$分，亟待采取重大措施改善环境质量。

环境氛围评价表 表9-2

参　　数	权重（%）	记　事　等　级				
		10～8	8～6	6～4	4～2	2～0
1 环境容量	40	很大	大	较大	较小	很小
2 绿化覆盖率	20	很高 （>90%）	高 （>75%）	较高 （>50%）	较低 （<30%）	很低 （<10%）
3 安全稳定性	10	很好	好	较好	较差	很差
4 舒适性	20	极佳	优良	中等	较差	很劣
5 卫生健康标准	10	极优	很高	较好	较差	很差

（3）开发利用条件评价模型见表9-3。

开发利用条件评价表 表9-3

参　　数	权重（%）	积　分　等　级				
		10～8	8～6	6～4	4～2	2～0
1 市场区位	20	极优	优良	中等	较差	很差
2 产业经济基础	10	雄厚强大	好	中等	较差	很差
3 可进入交通条件	20	枢纽齐全，快速、近便	直快干线经过，交通方便	支线经过，单一、中转	靠近支线，慢，不方便	交通线无法进入
4 距基地距离	15	<20km	20～60km	60～100km	100～200km	>200km
5 基础设施条件	15	优良，齐全，充沛	配套良好	中等	不配套，较差	很差，缺乏
6 景点散离程度	20	<2km	2～10km	10～50km	50～100km	>100km

以上三个分项评价完成后，即可进行综合评价系数的计算。其方法是：确定各方面的权重，按模型评分的基本公式进行运算。杭州大学提出的权重参数如表9-4。模型评价公式为：

权重参数表 表9-4

方　　面	权重（%）
1 景观价值特征（I）	45～50
2 环境氛围（Q）	20
3 开发利用条件（K）	30～40
合　计	100

$$F\Sigma_i = \sum_{p=1}^{p} X_p F_{pi} \quad (9-2)$$

式中　$F\Sigma_i$——各项目评分总和；

　　　X_p——第p个项目的权重；

　　　F_p——第p个项目的评分数；

p——被评价的项目数；

i——被评价的游览地数目。

根据以上权重，综合评价系数的计算公式如下：

$$F\Sigma_i = \frac{1}{10}(4.5I + 2Q + 3.5K) \qquad (9\text{-}3)$$

经计算，风景地综合评价得分最多者开发价值最大；得分最少者，价值最小。

思 考 题

1. 简述旅游土地评价的概念和目的？
2. 如何分析影响旅游土地质量的因素？
3. 试述旅游土地的定量评价方法？

第十章 现代技术在土地调查与评价中的应用

第一节 航空摄影与航空像片的成像特征

一、航空摄影和航摄资料的质量评定

(一) 航空摄影过程

航空摄影是利用安装在飞机上的航空摄影仪器从空中拍摄地面景物的过程。选择晴朗无云、气流平稳的天气，把航空摄影机安装在机舱内。起飞后，根据机场高程和事先编制的领航图，利用瞄准器，按预定的设计航高和航向进入摄区。接近摄区时，应使飞机直接对着领航图上标好的飞入方向标飞行。当进入开始方向标上空时，领航员通知摄影员开始摄影。每条航线地面上设有标志作为定向标志，用以控制航线方向。当飞机飞至终止方向时通知终止摄影，这样至飞出方向标时即飞好一条航线的摄影工作。摄影完毕后在室内进行摄影处理。通过摄影处理即可获得黑白色调与景物明暗相应的航摄像片。

(二) 航片质量评定

航摄像片尽管是严格按照航摄计划要求拍摄的，但由于在航摄过程中受到诸如在大气的散射、飞机发动机的振动、曝光的时间等摄影条件的影响，使得像片的质量不能达到预想的要求，地物的微小细节受到损失，影像的几何图形产生畸变。因此，对像片要进行质量评定，评定像片质量包括像片的影像质量和飞行质量两个方面。从像片判读工作这一角度出发，决定影像质量的要素主要有如下三点：第一，物体与其背景之间的色调反差；第二，影像的分辨力与清晰度；第三，影像的立体视差特性。

飞行质量的评定主要是检查航摄像片的倾角和重叠率是否符合要求。一般规定航片倾角不大于2°，最大不超过3°；航片的航向重叠率不小于55%，旁向重叠率不小于15%。另外对航线的旋偏角和弯曲度也有一定的要求，前者不能大于6°，后者不能大于3%。

二、航空像片的几何特征

(一) 中心投影与像点位移

1. 中心投影 中心投影是指空间任意点与某一固定点（投影中心）的连线或其延长线被一平面（投影面）所截，则此直线与这平面的交点即为空间该点的中心投影。如图10-1，P 为投影面，S 为投影中心，a、b、c、d 即为地面点 A、B、C、D 在投影面 P 上的投影。

当摄影机向地面摄影时，地面点的光线通过摄影机的镜头后，在底片上成像。这时，底片为投影面 P，镜头为投影中心 S，地面点 A、B、C、D 至 S 的光线为投影光线。所以航空像片是地面的中心投影。

2. 航空像片上的主要点和线 如图10-2，P 为航空像片，S 为镜头中心，P_0 为过 S 的水平面，P_0 与 P 的夹角为 $α$。

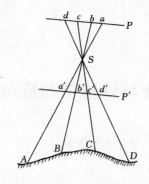
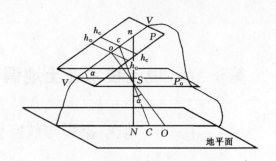

图 10-1　地物点的中心投影　　图 10-2　航空像片的主要点和线

像主点（o）：航空摄影机主光轴 SO 与像面的交点，称为像主点。

像底点（n）：通过镜头中心 S 的铅垂线（主垂线）与像面的交点，称为像底点。

等角点（c）：主光轴与主垂线的夹角是像片倾斜角 α，像片倾斜角的分角线与像面的交点称为等角点。当地面平坦时，只有以等角点为顶点的方向角，才是地面与像片上对应相等的角度。

主纵线与主横线：包含主垂线与主光轴的平面称为主垂面，主垂面与像面的交线 VV 称为主纵线，它在像片上是通过像主点和像底点的直线。与主纵线垂直且通过像主点的直线 h_oh_o 称为主横线。主纵线与主横线构成像片上的直角坐标轴。

等比线：通过等角点且垂直于主纵线的直线 h_ch_c 称为等比线。在等比线上比例尺不变。

在水平像片上，像主点、像底点和等角点重合，主横线与等比线重合。

3. 像点位移　由于像片倾斜影响所引起的像点位移是在等角点的辐射方向线上，其大小与等角点的距离平方成正比，而与摄影机的焦距成反比，同时还与像点位置有关。由于地形起伏引起的像点位移，也称为投影差，它主要取决于地面高差和向径（像点到像片中心的直线），即高差越大，投影差越大；像点离像片中心越远，误差越大。

（二）比例尺与分辨率

1. 航空像片比例尺　地形图是地面上地物和地形在水平面上的正射投影，图上的线段与相应水平位置的地面线段比值，称为地形图的比例尺。

为了确定航空像片的比例尺，需在通过像主点的两条对角线附近，且与像主点呈对称之处，分别选择两个有代表性的最高点和最低点，量测其像片上的长度 l_1 和 l_2，并在实地（或地图上）量测相应线段的 L_1 和 L_2，则像片的平均比例尺为：

$$\frac{1}{M} = \frac{1}{2}\left(\frac{l_1}{L_1} + \frac{l_2}{L_2}\right) \tag{10-1}$$

一般所说的航空像片比例尺都是概略的，并且通常是以航摄机焦距和高于摄区平均的航高来衡量。

2. 像片分辨率　航空像片的分辨率主要取决于航摄机镜头分辨率和感光乳剂的分辨率，但还与其他许多因素有关，如景物的反差大，曝光正常和微粒显影可使影像具有较高的分辨率。而大气的光学条件、飞机的振动会使影像的分辨率降低。航空摄影机镜头分辨率和感光乳剂分辨率组合的系统分辨率，其变化范围一般在 25～100 线对/mm 之间。

（三）重叠度与有效使用面积

1．航片的重叠度　为了保证像片的立体观测和整个摄区的连续性，在航空摄影时规定，相邻航片之间要有一定的重叠度。航向重叠一般为60%，不得少于55%；旁向重叠一般为30%，不得少于15%。

2．航片的有效面积　在土地资源调查中所利用的往往是未经消除各种误差的航片。为了保证调查的精度，通过限制使用航片中心一定范围的方法，使各种误差不超过允许限度。这个范围称为像片有效面积。

在实际应用中，常用作业面积代替有效面积。作业面积的范围可用相邻像片航向和旁向重叠的中心线构成。在平坦地区和像片倾角不大时，还可隔片勾绘作业面积。

所以，利用航空像片进行土地资源调查和制图，最根本的一点，就是将航片的中心投影图形变为正射投影的图形。为此，必须统一比例尺，消除倾斜误差，改正或限制投影误差。

第二节　航空像片应用于土地调查的判读方法

一、航空像片的立体观察

（一）立体观察

立体观察有天然立体观察和人造立体观察之分。在日常生活中，人们对某一景物观察时由于左眼和右眼的观察位置存在着微小的差异，景物在左右眼视网膜上的成像有了微小的生理视差，从而感觉到物体的远近。像这样形成的立体观察就是天然立体观察。

根据人们观察物体时产生立体感觉的原因，我们在一定人为的条件下，对立体像对进行观察，也能产生立体效果，这样的观察称作人造立体观察或像对的立体观察。产生人造立体观察，要满足以下三个条件：

1．必须是观察两个摄影站对同一景物摄取的像对。

2．每只眼睛必须各观察像对中的一张像片。

3．安放像片应注意左右像片相应点的连线尽量与眼基线平行，使两同名像点的视线与眼基线在一个平面内。

（二）立体镜

如果满足人造立体观察条件中的1和3两项，观察时迫使两眼各凝视一张像片，这样肉眼也能得出立体感。但它违背了凝视与交会本能统一的规律，所以这样需要经过一定的练习。这里所指的凝视，即人眼水晶体自动调焦的过程。

为了避免人眼疲劳，便于立体观察，可以利用简单立体镜。如图10-3（a），是具有放大镜的小型立体镜，它不仅解决了两只眼睛各看一张像片，并能使交会和凝视一致起来。若把像片置于放大镜的焦面上，经过放大镜射出的光线是平行的，这时两眼的视轴也近乎平行，使得观察到相当于无穷远的物体。所以，感觉非常舒适而不易疲劳。小立体镜便于观察小像幅像对，当观察大像幅航摄像对时，则只能看到局部地区；但因携带方便，很适宜外业使用。

另一种是在观察左、右航片的光路中，均配有两块倾斜45°的带反光镜的立体镜，简称反光立体镜。如图10-3（b）所示，从观察模型点A的光路中看出：由于人眼基线

S_1S_2 扩大为 $S'_1S'_2$，所以借助于它能观察像幅为 18cm×18cm 或 23cm×23cm 的航摄像对。若在左、右光路中插入放大镜，还可以扩大立体效果，提高分辨力。

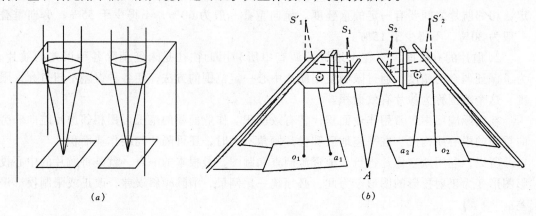

图 10-3 （a）小型立体镜　　　　图 10-3 （b）反光立体镜

二、影像特征与解译标志

在航空像片上，不同地物有其不同的影像特征，这些影像特征是专业解译时识别各种地物的依据，故称之为解译标志。航空像片解译标志是地物本身属性在像片上的表现，它反映了地物所固有的空间特征和物理特性，根据这些特征可以直接从像片辨认出相应的地面物体。如影像的大小、形状、色调、阴影、纹理、图形及相关性等等都是常用的航片解译标志。

（一）形状

形状就是物体的外轮廓，航空像片上的地物形状是俯视图形，其详细程度取决于比例尺的大小。也就是说，随着摄影比例尺的缩小，微小碎部的形状便逐渐地难于区分，以至消失，而总的形状则是逐渐变化得比较简单。例如，在小比例尺航片上，树顶变成一个小圆点，甚至完全看不出来。

地物在航片上影像的形状，并不是与实际形状严格相似的，像片倾斜、地面起伏及地物本身具有空间高度，都会引起构像形状的变形。但是，由于目前使用的航空像片倾斜角都是 3°以内，对像片判读而言，可以近似地认为是水平像片。这样，地面上水平的平面形目标（如稻田、水塘、运动场等），在像片上的形状与地物实际形状就可以认为是相似的。但是，当平面形地物位于倾斜的地面上（不水平）或地物本身具有空间高度时，情况就不一样了。这时，由于航空像片是中心投影图，地物在像片上的形状就会发生变形。同一地物在像片上不同的部位也会表现为不同的形状。具有空间高度的地物在像片上不同部位的构像形状，有下列规则：

1. 像主点附近的地物，不论空间高度如何，在像片上的构像，为地物顶部的正射投影图形。

2. 位于像主点外的地物，在像片上的构像，顶部图形变形，并显示地物的部分侧面图像，仿佛地物是倾斜的，倾斜方向是由像主点向外辐射的方向。

3. 地物在像片上影像的长度与本身高度和离开主点的距离成正比。

（二）大小

大小是指物体的尺寸、面积和体积按比例缩小后在像片上的记录。可以根据已知目标在像片上的尺寸来比较确定其他地物的规模。如果已了解像片和比例尺，可以根据影像的大小直接算出地物的尺寸和规模。线状地物如与背景的反差较大，其影像大小往往超出其按比例计算的尺寸。所以，航空像片的影像大小除主要取决于像片的比例尺外，还受像片倾斜、地形起伏和目标本身的形状及亮度等其他因素的影响。

（三）色调

色调是地物反射或发射电磁波的强弱程度在影像上的记录，因而是识别地物的主要标志，有时甚至是惟一的判读标志，因为在一张影像上如果不存在色调差别，那就根本显示不出各种地物的形态差别。

在普通黑白航空像片上，一般将影像色调划分七级：白、灰白、浅灰、灰、暗灰、浅黑、黑。自然界各种颜色的物体在全色黑白像片上表现为不同的色调。

由于影响色调变化的因素很多，例如物体含水量、太阳入射角、像片洗印情况等都直接影响到影像色调的某些变异。因此，普通航片影像的色调往往不能作为稳定可靠的判读标志，而需与其他判读标志配合。判读时往往不是根据色调的分级来识别地物，而是根据各地物间色调的相对差异来区别地物类型。

（四）阴影

阴影的产生是由于具有一定高差的地物的背光面及其在地面上的投影在像片上反映出比阳光直射面的色调更阴暗的现象。阴影有助于增强地物影像的立体感，阴影的形状有助于识别地物的外貌。但在阴影内的地物，则往往被其掩盖而不能识别。

阴影有两种，即本影和投影。本影是地物未被阳光直接照射到的阴暗部分在像片上的影像，它反映了物体背光面与受光面的色调差异，所以有助于获得立体感。投影是物体投射在地面上的影子在像片的成像。它一方面可以显示出物体的侧面形状；另一方面使处在投影中的地物变得模糊不清，甚至完全被遮盖，从而给判读和立体测图造成困难。

（五）图形

图形是由形状、大小、色调、纹理等影像特征组合而成的模型化的判读标志。每一个地物都具有各自独特的图案结构特点。例如经济林与天然林同样是由众多的树株组成，但是它们的空间排列图案有明显差异，经济林是经过人工规划的树林，行距、株距都有一定的规律。又如一条公路和一条铁路在航空像片上都是一种相似的线状地物，但是公路有较大的坡度，较急的弯度，许多交叉路口，而铁路则坡度较小，弯道的曲率半径大，没有或很少有平面的交叉。这些图案结构上的差别，使我们在航空像片区分这种道路几乎没有困难。

（六）纹理

纹理是地物反映在图形内的色调变化频率，它是地物的细部或细小的物体在影像上构成的细纹或细小的图案。地物在影像上的纹理特征与像片的比例尺有关。当比例尺缩小时，表现为纹理的地物尺寸则相对增大。例如在大比例尺像片上可显示出一颗颗树冠的纹理，据此可区分不同的树；而在比例尺较小的像片则表现为一系列树冠的顶部构成整个森林的纹理。纹理可以用点状、线状、斑状、条状、格状等术语，并用粗、中、细等形容词来加以描述。

（七）相关特征

地面上的各种地物之间常常有某种联系，这就是地物的相关特征，它也同样反映物体的性质，是判读的依据之一。对于一些难以独立识别的地物影像，可根据与其他已知地物的相关特征间接地判译出来。例如在地质判读中，常常使用反映地貌、植被等状况的影像特征作为分析岩性、构造的相关特征标志。

三、航片判读

根据像片判读的方式，航片判读可分为室内判读和室外判读（参见第三章第四节）。

*第三节 陆地卫星及其影像特性

卫星遥感技术在土地调查和评价中的应用，是一次飞跃的发展。多光谱卫星影像详细而客观地记录了各类地物的形态和结构特征，不仅具有地域广、现时性强、信息丰富等特点，而且具有多波段和多时相的优点，使人们能够从不同电磁波段上去认识"景观壳结构"，从而为土地研究、评价、利用和动态监测提供一套实用而科学的新手段。

一、陆地卫星的运行特征

（一）近极地、近圆形轨道

陆地卫星的运行轨道是近极地、近圆形的。近圆形的轨道可以使得从卫星上获得全球各地的图像比例尺基本一致，保证成像的精度，也使信息处理方便。近极地的轨道能保证全球绝大部分地区，除南、北纬82°以外（或以北）的广大地区，都在卫星覆盖之下。

（二）运行周期

卫星运行周期是指卫星绕地球一圈所需的时间，即从升交点开始到下一次过升交点时的时间间隔。美国发射的陆地卫星 Landsat-Ⅰ、Ⅱ、Ⅲ 的运行周期是 103.267min，每天绕地球运行约 14 圈；Landsat-D、E 的运行周期是约 90min，每天绕地球运行约 16 圈。

（三）太阳同步轨道

陆地卫星的传感器只有在较为理想的光照条件下成像，才能获得质量较高的图像。例如，上午9时至10时之间，在北半球太阳位于东南方向，高度角适中；此时如果陆地卫星能在这个同一地方时间经过各地上空，那么每个地区的影像都是在大致相同的光照条件下成像，便于不同时期成像有卫星影像上同名的地物的对比。因此，卫星轨道既要保证传感器在不变的条件下进行探测，又要保证卫星运行的周期，这样就要求卫星的轨道与太阳同步。

二、陆地卫星传感器

传感器是陆地卫星获取数据资料的关键设备，目前主要使用的有三种：即反束光导管摄像仪（RBV）、多光谱扫描仪（MSS）和专题制图仪（TM）。

（一）反束光导管摄像仪（RBV）

RBV 属于电子成像，在某些方面它有类似于光学摄影成像的部分，如具有快门、光学系统及成像运动补偿系统。只是它不同于摄影的光化学表面成像，而是聚焦于光电导表面而产生光电表面成像，这种光电导面称之为靶。此外，它收集一幅完整像幅的信息是瞬时完成的，不必像扫描仪那样要求对传感器进行严格的姿态控制。

RBV 的波段有三个。第一个是蓝绿波段，用于研究地表水和地下水特征、干旱区的岩石和土壤；第二个是黄红波段，用于研究植物生长、水污染、农业情况与地形；第三个是近红外波段，用来研究土壤类型、植物生长、水分状况与水系。

（二）多光谱扫描仪（MSS）

多光谱扫描仪是由扫描镜、聚焦系统、探测器、成像板等组成光学-机械扫描设备，具有以下光谱特性：

1. MSS4　波长 $0.5\sim0.6\mu m$，属于蓝绿光波段，对水体具有一定的透视能力，能看到水下地形，如对清澈水体，其透视深度一般可达 $10\sim20m$，有的甚至达 $100m$ 左右。由于散射较强，故在黑白片上一般颜色较浅，对于陆地的地层岩性、第四纪松散沉积物的性质和分类植被的分布有明显的反映。在 MSS4 的彩色像片上，水体为蓝绿色，对于水的污染，特别是金属、化学的污染具有特别好的效果，在发现污染源方面作用明显，对于水中的泥沙流的作用和分布状况，也有一定的效果。

2. MSS5　波长 $0.6\sim0.7\mu m$，属黄红色光波段。在这波段的像片上，对水体有一定的透视深度，特别对水体的混浊程度，即海洋中泥沙流、大河中的悬移质的状况有鲜明的反映；对陆地地貌也反映明显，而根据宏观和微观地貌特征的差别，可以划分地层岩性和构造层。像片上地质体的色调差别反映的也很清楚，对第四纪松散堆积物的粗细颗粒的分布规律，土壤质地划分的效果最好。

3. MSS6　波长 $0.7\sim0.8\mu m$，属红光与近红外波段。它对水体与湿地反映特别清楚，特别是对于植被、土壤湿度的研究有较好的效果。

4. MSS7　波长 $0.8\sim1.1\mu m$，属近红外波段，与 MSS6 有很多相似之处，但 MSS7 更具有红外光谱特征。一般说来，要研究土地资源的水文状况、植被和农业特征应采用 MSS6 和 MSS7 像片进行对比，包括光学处理和计算机处理在内，均有较好的效果。

（三）专题制图仪（TM）

TM 是一种新型的多光谱扫描仪，它基本上与 MSS 相似，但有较大的发展，属第二代的多光谱扫描仪类型的传感器。具有以下光谱特征：

TM-1（$0.45\sim0.52\mu m$）为了增加了水体的穿透力，也便于土地利用、土壤和植被的分析等而设计的。

TM-2（$0.52\sim0.60\mu m$）主要设计目的是企图加强对植被的鉴别及其活力的评价。

TM-3（$0.63\sim0.69\mu m$）这是对植被鉴别最重要的波段，它加强了植物与非植物之间的区别特征，同时也加强了植物种类之间的对比反差。

TM-4（$0.76\sim0.90\mu m$）适于景观中植物生物总量的分析，也可用于作物鉴别，同时也加强了对土壤—作物和土地—水体之间的反差。

TM-5（$1.55\sim1.75\mu m$）它是对决定作物类型、作物水分含量和土壤水分等一个很重要的波段。

TM-6（$10.40\sim12.50\mu m$）为红外通道，主要用于植物分类、植物水分分析、土壤水分估测以及对与热力学相关现象的一些性质的了解。

TM-7（$2.08\sim2.35\mu m$）它是鉴别岩石构造的一个重要波段。

三、陆地卫星影像的几何特性

（一）地理坐标

卫星图像的经纬度是根据成像的卫星轨道的精确时间、卫星的姿态数据和运行方向等因素，由数据处理中心利用计算机确定，直接记录在 70mm 的图像胶片和磁带上，经纬度注记在像幅四周。粗制图像的经纬度是用图像中心点的经纬度推算的，精制图像的经纬度是经过地面控制点纠正后计算而得到的，其精度也较高。

卫星图像经纬度的确定是受卫星轨道倾角及运行速度控制的。由于卫星轨道倾角为99.125°，因此，在极地附近，卫星运行的轨道几乎与纬线平行，所以图像的上下方向与一般地图方向不同，为东西方向。在中纬度地区，卫星轨道和经纬线方向成明显的斜交，并且总是经线的上端向西斜。而在赤道地区，卫星轨道与经纬线略呈斜交，故图像上经纬线的布局和地图相似。

（二）投影性质

多光谱扫描图像是陆地卫星运行中由扫描仪扫描而产生的连续条带图像。因此图像是成像扫描时间的函数，每一个瞬时视场（扫描像元）相当于框幅摄影的单幅像片，一张多光谱扫描图像就相当于7581600张框幅像片，因此，可以说它为多中心投影。但是由于航高很大、视场角很小，在地理判读时，可以把它近似地看做垂直投影。

（三）影像重叠特征

陆地卫星影像和航空像片相似，既有航向重叠，也有旁向重叠，只是两者由于成像特征不同，而在其立体观测的特征上有所差异。

陆地卫星影像的航向重叠，是在卫星前进方向的连续扫描成像的过程中形成的一个连续的影像记录，由数据处理中心进行分幅，按重叠度10%而机械地分开。所以它不同于航空像片的航向重叠，即它不像航空像对那样由两个摄影中心，以其相同的焦距，对同名地物点进行交叉重叠摄影而形成的重叠面。因此，陆地卫星影像的航向重叠面不能进行立体观测。

陆地卫星影像的旁向重叠完全是由卫星的运行轨道所决定的。因为地球是一个在赤道附近略有膨大的椭球体，而陆地卫星又采用的是近极地轨道，所以其旁向重叠面是随纬度增高而增高。

（四）影像空间的分辨率

所谓影像分辨率就是指地面分辨率，也就是像元的大小。地面分辨率也可以理解为在图像上能显示出地面最小地物的尺寸。一般，凡是大于分辨率的物体较容易辨认；小于分辨率的物体辨认较为困难。实际上在判读时，由于地物所处背景反差的条件不同，有时大于分辨率的地物在判读时也较为困难，而小于分辨率的地物有时反而可以判读。当背景反差较小时，虽然地物大于分辨率，也不易判读，因为该地物被"淹没"在背景之中；当背景反差较大时，虽然地物小于分辨率，而该物体就像"突出"在背景之上，故仍可以辨认。另外，因为在陆地卫星上是以像元点的大小作为分辨率，实际上地面上一个像元面积内，各处的辐射强度是不同的，而在扫描时所得到的该像元辐射强度，是其综合辐射强度，因而判读时是十分明显的。一些带状地物其宽度小于分辨率，但是在有利的条件下也能判读出来。

*第四节 卫星影像的判读

一、地貌判读

地貌判读一般是根据影像的色调、形状、结构、图案花纹等进行的。由于卫星影像比例尺小，经过自然综合，不能反映微地貌的特征，而突出了大的地貌形态特征和界线，因而有利于从宏观研究大的地貌类型。

（一）地貌形态判读

地貌判读是从地貌形态开始，首先区分出平原、丘陵、山地等大的类型，然后再进一步分析它们的特点。在卫星图像上地貌影像的特点表现为深、浅不同的色调，以及由不同色调构成的各种几何图形。在判读时可以从图形点、线、面、体等方面分析其特点。

1. 平原　平原在一个较大范围内呈平面形态，受光均匀而没有明显的受光面和背光面，其表面多由第四纪松散物质组成，影像呈现较为均一的色调。其中常有水系形成的花纹、耕地形成的色斑以及不同色调的城镇。

2. 山地　山地表现为地面起伏不平，形成以岭脊为界的阴阳坡，反射阳光的强度有明显的差异，在影像上阳坡为浅色调，阴坡为深色调。山愈高，切割愈深，其色调的差异愈大。当脊线较宽平、色调差异小时是山势比较平缓的标志。通过山体的大小、岭脊的长短、宽窄和排列形式进行分类，并可按冲沟的密度、切割深度以及所形成的花纹进行一级地貌的分类，还可以通过山地的花纹和植被分布的情况对山地相对高度变化进行估计，但是确切地确定山地的高程还必须查阅有关资料。

3. 丘陵　丘陵是介于山地和平原的过渡地带，和山地比较，它的起伏变化小，较低的丘陵脊线不明显，当高度接近低山时，出现明显的脊线及阴阳坡色调差异的影像。从位置特点看，丘陵多分布在山地的边缘或略呈小面积独立成片存在。

（二）流水地貌判读

1. 水系　水系由地面上相互有关联的大、小河流组成，卫星图像上可以判读水系的形态特征和密度。水系的形态与地质构造、岩性和地貌有密切的关系，例如树枝状水系表现为支流与主流以锐角相交，主要分布在岩性均一、基岩较软的地区。格状水系表现为支流与主流以直角相交，主要分布在垂直交叉的断裂、裂隙发育的沉积岩地区。放射状水系表现为从中心向外成放射状，主要分布在火山、孤山和弯形隆起的地区。

2. 河床、河漫滩、阶地　在像片上可以很清楚地看出河床的形态特征，区分出顺直河床、弯曲性河床、江心洲分汊河床、宽浅散乱的游荡性河床等类型。不同类型河床的中心滩、边滩都呈灰白色或白色，不长植物；江心洲上有植物或耕地分布，色调与河漫滩相同。河床的深槽段色调较暗，而浅滩段色调较浅，山区河流急滩上的浪花呈白斑状向下游延伸尖灭。在假彩色红外像片上，清水呈暗蓝或接近黑色，随着河流含沙度的增大，渐变为浅蓝色细点状或云雾状影纹结构。在标准假彩色合成的卫星影像上，含沙量低的河水呈黑色或暗蓝色，含沙量高的河水呈淡蓝色甚至白色。

河漫滩是由河床侧向摆动和洪水泛滥堆积造成的谷底地貌。它是河谷内利用最好的平坦地面，其上有连片分布的农田，形成深浅不一的灰色或黑色网格状图形。河漫滩上常筑有河堤等防洪建筑物，它与谷坡或阶地之间有明显的坡度转折，其界限在像片上一般能清晰地区分出来。弯曲河流凸岸的迂回扇，在像片上表现为一条条明暗相间的弧形条带，微微高起的沙岗呈灰白色，其间的条带状浅洼地呈深灰色，迂回扇收敛的一端指向下游，散开的一端指向上游。

河流阶地是沿河谷展布的块状或带状的平台。在遥感像片上，低阶地的色调比河漫滩要浅，阶面上大多为平整的耕地和梯田，其间有浅切割的沟谷，内辟有冲垅田，色调较暗，多呈竹笋状或蚯蚓状图形。

（三）风沙地貌判读

风沙地貌在卫星影像上的特征主要表现在色调、位置和内部花纹三个方面。风沙在各个波段图像上都呈浅色调。流动沙丘色调更浅一些；固定和半固定沙丘由于地下水位的升高或植物的生长，色调略暗一些；在河、湖、海边的沙滩，色调与周围地物比较显得浅一些。土壤中含沙量大时色调也会变浅一些。从位置来说，风沙地貌大面积分布在干旱地区，江、河、湖、海岸边也有零星分布。

风沙地貌的形态特征，要从轮廓界线和内部花纹图案两方面分析，其轮廓界线是否明显与周围的地形、地物有关。如与山地相邻则其界线很明显，而与草原交界时，一般有一个相当宽的过渡带。若草原已垦为耕地，则界线较为明显。

在风沙地貌地区水系较少，河流只显示出一些较大的主干河道，而缺少细小的支流。利用不同时相的卫星图像进行对比，可以了解沙漠的动态变化，如移动方向和速度、内部风蚀和堆积的情况，这对于难以到达的大沙漠地区的调查与制图有很大的用处。

（四）黄土地貌判读

黄土地貌分布区域一般比较干旱，而黄土本身又具有质地均一和反射强的特点，在各波段图像上一般均呈均匀的浅色调。从形态特征看，黄土土貌的影像表现为密集型树枝状水系所组成的花纹图案。

二、地质判读

地质判读包括构造和岩性两大部分。构造判读是利用影像的色调差异和形态特征。岩性判读是比较困难的，这是因为陆地卫星多光谱扫描仪设计时没有包括能反映识别岩性的波段，故在卫星图像上直接判定岩性的标志不多，一般要通过色调、地貌、水系形态以及植被类型等进行综合分析才有可能识别。下面重点介绍岩性判读。

岩性类型不同，它的成分、形成条件和颜色都不相同，因而在卫星图像上的色调也是不同的。但是目前多光谱扫描仪所采用的波段，波长在 $0.5 \sim 1.1 \mu m$ 之间，不同岩性光谱曲线在这个波长范围没有突出的差异，只有在岩性相差较大时才有不同。

岩性的色调又受到环境条件的影响，风化能使色调变浅，湿度增大能使色调变深，植物生长季节在岩石风化壳上是植被的色调代替了基岩的色调，因而判读岩性时，影响色调的因素是多样的。但是根据环境条件对岩石色调影响的变化规律，可以区分色调接近的岩类。

各类岩层由于成分和构造的不同，都有一定的外形轮廓和内部花纹图案。因此，可以根据山脊山峰的形态、大小、宽窄、走向以及水系形态和密度等因素，对岩层的影像形态进行分析。外形轮廓和内部花纹图案的特点，不受植物生长情况与湿度大小等自然环境的影响，具有相对的稳定性。我国地域广阔，自然条件相差很大，同类岩石在不同地区所形成的花纹图案是不同的，在判读时应注意区域的特点，应用与岩石有关的影像特点进行逻辑推理。

沉积岩中的砾石、砂岩、页岩等都是互层的，在卫星图像上的特征为条带状，各条带的色调和花纹都不相同。它不是一个独立的单层，而是以形成时期和一种代表性岩性为主、性质相近的一组沉积岩层。砂岩出露较多，节理发育，水系以树枝状和格状较为常见，多形成正地形。构成方山和单面山。粉砂岩和页岩都容易风化剥蚀，多形成低矮浑圆、波状起伏的馒头山，植被发育较好，水系多为树枝状，支流多而密。

沉积岩中的碳酸盐岩在湿热地区具有深色调和岩溶地貌的独特花纹。在寒冷干旱地区具有浅色调、植被不发育、基岩裸露、表现为山峰和分水岭尖峭、水系稀少的花纹图案。

岩浆岩中的火山岩，喷发年代新的多保留有火山口，喷发年代久、表面风化严重的则不易判读。火山碎屑岩色调有浅灰、暗灰、黑灰，纹形呈现为宽窄不一的条带状或斑块状，有的构成山地和陡峻的山脊，有的构成低缓盆地中的小丘与岗地。火山岩中的玄武岩多呈深色调及圆形、块状等，地貌上多呈现为台地、陡坎或排列的小丘与岗地。

三、土壤判读

（一）土壤光谱特征

土壤光谱特征受土壤质地、有机质含量、土壤水分、氧化铁含量、土壤盐分和矿物成分等因素所影响，在野外测定的土壤光谱曲线是这些因素的综合光谱曲线。由于自然环境不同，其中有些因素起主导作用，而另一些则为次要因素，这就要具体情况具体分析。例如，洪积扇区，顶部色调浅，这是因为地势高、质地粗、含水量少、有机质含量低等因素造成的；而在冲积扇区的前缘则色调深，这是因为土壤质地细、含水量多所造成的；有的因排水不良而沼泽化，则是由于四氧化三铁的黑色加深了土壤的色调；如果在干旱季节呈浅色，则是土壤盐渍化的表现，因水分蒸发、盐分集聚形成的。

（二）卫星影像土壤判读实例

以 1975 年 5 月 24 日北京幅假彩色合成 MSS 影像为例。在影像所反映的平原地区除局部地方有大河道形成呈条带伸展的沙土，表现为浅色调，或沼泽地表现为深色调以外，其余都是适于种植多种作物的耕地，主要土壤类型是在冲积土上发育的褐土化潮土或潮褐土。小麦分布多而生长良好，显示为鲜红色，在北京城东南方红色渐减，有不规则的淡色斑点出现，说明土壤有不同程度盐渍化的表现，属于盐化潮土区。在北京城西北燕山山脉发育的是棕壤，低处发育的是淋溶褐土。在怀来盆地，低地和低阶地土壤为潮土类型，盆地周围的黄土台地发育的是褐土。

四、植被判读

（一）影响植被光谱的因素

1. **植物的疏密程度** 当植物叶子密度不够时，就反映出地面的信息，因此植物的枝叶对地面覆盖程度不同，地面背景在植物色调中占的比重也不相同。一般认为叶面指数（指在单位面积上，植物群丛所有叶子的单位面积累加的总面积与单位面积之比）在 5 以上才有消除地面背景的影响，但一般植物的叶面指数都在 4 左右。

2. **物候期的影响** 植物在不同生长阶段叶片的组织情况不同，叶片颜色不同，这就引起影像色调的变化，幼嫩的植物叶子反射最强，其透射性也较强，能反射一定地面情况。随着叶龄的增长，植物的棚状细胞由生长到死亡，在近红外波段的反射也由强到弱。因此，同一种植物不同季节光谱有变化。

3. **下垫面的影响** 植物下垫面的土壤性质和色调对卫星图像上植物的色调有一定的影响，因为在一般情况下叶面指数都是小于 5，不能将太阳光全部吸收和反射，总有一部分光会照射到地面。地面情况不同，对光的吸收、反射也不同，直接影响植物影像的色调。

4. **病虫害的影响** 植物受到病虫害和人为伤害时，首先作用于叶片组织，在近红外波段表现最为明显，反射强度明显减弱。很多例子证明，当植物遭受病虫害和人为伤害的初期，形态和颜色尚未发生变化时，近红外波段反射强度已有明显的改变。

（二）植被判读的特点

1. 植被判读完全是根据植物光谱特点进行，而植物光谱特点随时间和环境的不同而变化。所以在判读时一定要充分运用已有的植物群落组成及物候期等资料，结合现场调查，补充和验证由于条件变化对光谱产生的影响。

2. 植物的生长发育是与气候密切相关的，可以根据气候分区和植被区划等资料，先大致确定各地植被类型和生长情况，然后再通过实地考察来验证。

3. 因为植物有物候期的特点，在考察时应充分运用卫星图像多时相的优越性，选取各种植物光谱相差最大的时间和不同物候期的卫星影像进行对比，这对判读是非常有利的。例如，春末、秋初是各种落叶植物叶片变化最大的时期，对判读植被是最有利的。运用植物生长季节和冬季卫星图像对比，可以清楚地判读落叶林和常绿林。

第五节 地理信息系统在土地评价中的应用

一、地理信息系统（GIS）概论

（一）地理信息系统的概念

地理信息系统（GIS）是一种特定而十分重要的空间信息系统，它是专门用于采集、存储、管理、分析和表达地球表面与空间和地理分布有关的数据的空间信息系统。GIS将单一分散的数据资料和科学知识集成起来，成为人们研究和解决本部门空间问题所必须的综合信息资源。它可根据用户的要求查询检索有关空间分布信息，进行各种统计量算、列表制图，并可根据规划、管理、生产的需要，进行多因素综合研究、决策方案的模拟优化等。地理信息系统的构成如图10-4所示。

（二）地理信息系统的硬件设备

从计算机科学角度看，地理信息系统由四个主要部分组成——计算机硬件、软件、数据以及系统的组织管理者。下面简要地介绍其硬件和软件。

1. 硬件设备 地理信息系统一般的硬件构成如图10-5所示。

（1）GIS的数据管理、加工和分析的设备是电子计算机系统，它可以组成网络也可以单独使用。目前能运行地理信息系统的计算机包括大型机、中型机、小型机、工作站和微型计算机，主流是工作站。工作站在GIS中的应用改变了以往大型计算机集中式配置的模式，而采用工作站的网络配置模式，将许多较小的、专门化的计算机联成一个网络。在网络内，不同的程序可以同时互相独立地在不同的计算机上运行，而数据和资源又可以共享。当网络中某台计算机出现故障时，其工作负荷可以转到网络中的其他计算机上，整个系统也不会瘫痪。

（2）GIS的输入装置有数字化仪、扫描仪、解析测图仪及全站仪等。主要用于空间数据的输入并把模拟量转换成数字量。

（3）矢量绘图仪是目前主要的图形输出设备。普通打印机用于栅格图形输出，虽然它精度较低，但速度快，可作为草图输出。另一种高精度实用绘图设备是喷墨绘图仪，它输出栅格图形，但价格较高。对许多并不要求产生硬拷贝，而只是在终端上显示地图，图形显示终端是主要的输出设备。

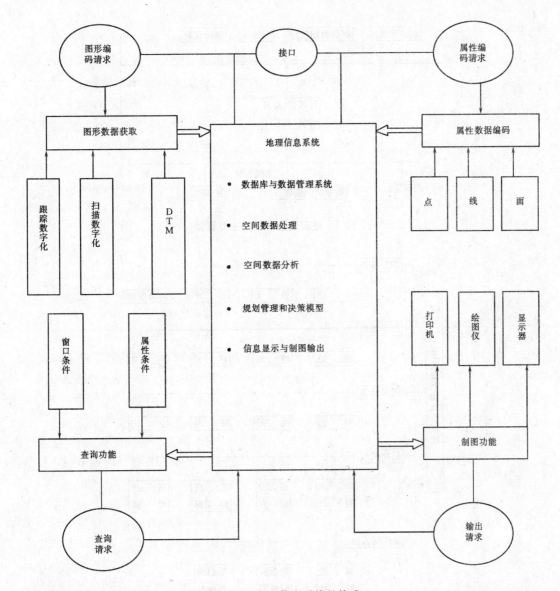

图 10-4 地理信息系统的构成

2.GIS 的软件模块

（1）数据输入子系统　数据输入包括空间数据（图形数据及空间属性数据，如位置、方向、形状、大小等）和非空间数据（主要指非空间属性数据，如名称、类别、质量、材料等）的输入。主要目的是将现有地图、测量数据、遥感数据等空间或非空间数据转换成数字形式或者以可兼容的形式传送到数据库并存储起来。

要完成这些输入任务需要有相应软件来支持。基本的输入软件是图形数字化程序、读带程序、文件编辑程序等。

（2）图形及文本编辑子系统　地理信息系统都有很强的图形编辑功能。功能很强的 GIS 还可以有图形处理模块中设计和修改属性的数据结构，做到图形与属性的无缝结构。图形及文本编辑子系统如图 10-6 所示。

（3）空间数据库管理系统和空间查询与空间分析子系统　数据存储和数据库管理，涉

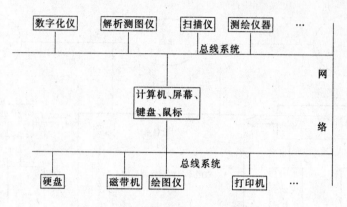

图 10-5 地理信息系统的主要设备

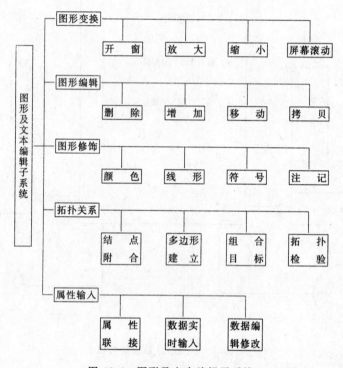

图 10-6 图形及文本编辑子系统

及地形元素（地物的点、线、面）的位置、空间关系以及属性数据如何结构和组织，使其便于计算机处理和系统用户理解等。通用数据库的模型一般采用层次模型、网状模型或关系模型。GIS 发展前景的模型是面向对象数据模型，它既可以表达图形数据又可以有效地表达属性数据。

空间查询包括：位置查询、属性查询、拓扑查询等。例如查询某宗地相邻的宗地，一个城市的高等院校（位置、属性）、某铁路周围五公里的居民点等，这些查询问题是 GIS 所特有的。空间分析是比空间查询更深刻的应用，内容更加广泛，它包括地形分析、缓冲分析、决策分析等。例如，修建一个新机场，需要通知周围一定范围内的居民搬迁；修建水坝发电时，水坝高度与蓄水水量、淹没面积、对地址和环境的影响等。

(4)数据输出子系统,如图10-7所示。

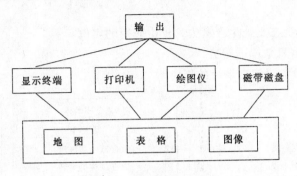

图 10-7 数据输出子系统

(三)地理信息系统的功能和应用

GIS 的功能可概括为六大功能：数据采集与编辑功能；数据管理功能；查询、检索功能；数据统计分析功能；自动制图功能；预测、模拟分析功能。

在数据采集编辑中具体功能有：人机对话功能、文件管理功能、数据获取功能、图形编辑窗口显示功能、参数控制功能、符号设计功能、图形编辑功能、建立拓扑关系功能、属性数据输入与编辑功能、地理修饰功能、图形几何功能、查询功能、图形接边处理功能。

GIS 的制图功能表现在通过图形编辑清除图形采集的错误，并根据用户的需要和地物的类型，对数字地图进行整饰，添加符号、颜色注记，还具有地图综合、分色排版印刷的功能。GIS 不仅可以为用户输出全要素地图，而且可以根据用户需要分层输出各种专题地图，如行政区划图、地籍图、房产图、土壤利用图、道路交通图、等高线图等。还可以通过空间分析得到一些特殊的地学分析用图，如坡度图、剖面图、洪水淹没图等。

GIS 有方便的数据、空间查询功能。可查询各种数据库的信息，在国民经济生活中起着重要作用。

GIS 有很强的空间分析功能，这是与自动制图系统的最大区别。它能进行拓扑空间查询、缓冲区分析、叠置分析、空间集合分析；能进行最佳路径、最佳选址、土地适应性等地学分析；能进行透视图分析、坡度图分析、地形表面面积和挖方体积的计算；能预测某一事物如人口、资源、环境、粮食产量等今后的发展趋势。

地理信息系统的应用可以深入到各行各业，遍及环境资源、石油、电力、地籍、公安、急救、市政管理、城市规划、经济咨询、灾害损失预测、政府管理和军事等众多领域。可形成诸如资源与环境 GIS、土地管理 GIS、城市管理、运行和规划 GIS、各级部门的办公室 GIS 等等。近几年我国在 GIS 的研究和开发中做了大量工作，研究出了具有国际先进水平的 GIS 系统软件。

二、地理信息系统在土地评价中的应用

地理信息系统的数据库可以为土地评价提供大量数据，同时，它又是一个开发型数据库，可以接受许多新的数据，如土地评价所需要的而 GIS 数据库所没有的数据，并能对这些数据进行有效的管理；另外，土地评价模型等应用性软件与 GIS 接口后，可以进行大量土地评价的计算、分析、决策，乃至最后结果的输出。因此，GIS 在土地评价中的应用使土地评价工作效率得到了很大的提高。但随着土地评价类型和 GIS 类型的不同，GIS

在土地评价中的应用在方法和步骤上可能存在一定的差别,但基本的思路可以从下面的实例中反映出来。

土地资源信息系统在土地生产潜力评价中应用的实例:

(一)土地资源信息系统的构成

如图 10-8 是土地资源信息系统的构成。

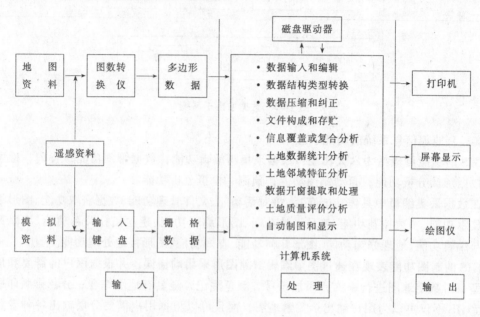

图 10-8 土地资源信息系统的构成

(二)数据的采集、编码和存贮

数据的采集可以有两种途径:1.与其他相关的地理信息系统接口,获得所需要的信息;2.使用土地信息系统的输入功能,根据土地调查资料及地形图、影像等获取数据。

数据编码的方法采用栅格数据结构,例如有一种行块式的数据存贮结构,它按 1:50000 地形图的公里网进行格网化,以公里网内部的栅格作为土地资源的最小记录单元,并按块存贮,各个公里网之间按行存贮,这种方式便于信息提取分析,又便于信息的综合处理。每个记录单元 R_i 由 17 种编码数据 D_j 描述其特征,即

$$R_i = \bigcup_{j=1}^{17} D_{ij} (i = 1, 7200; j_{\max} = 50)$$ (10-2)

其数据项及字节宽度如表 10-1:

栅格单元数据的记录 表 10-1

序号	1	2	3	4	5	6	7	8	9	10	11	12	13	14	15	16	17	…
字节数	4	5	4	2	6	6	3	3	3	3	3	3	3	3	3	3	3	…
数据项	记录码	公里网X坐标	公里网Y坐标	栅格号1～16	绝对高程	相对高程	坡度	坡向	地形类别	年均量	土壤类别	土壤肥力	土层厚度	产量	岩性	人口密度	土地类别	…

(三)土地潜力评价模型的建立

1.土地评价因素和标准的确定 根据研究区域的特点,从存贮的数据中选取了 8 种

评价因素，即年均温、土壤肥力、土层厚度、产量或覆盖度、地面坡度、绝对高程、地表岩性和人口密度。然后根据它们对土地生产潜力影响的性质，分为两组：一组为农业生产潜力因素（相当于适宜性因素）；另一组为限制程度因素（相当于限制性因素）。表10-2和表10-3为根据不同等级土地对各个评价因素的要求而确定的划分标准。在表10-2和表10-3的基础上评价因素对土地生产潜力影响的大小，以及为了适合于计算机的识别和处理，将各个标准代码化和指数化，并通过引入加权因子 W，得到表10-4和表10-5。这是土地潜力评级的定量依据。

生产潜力评定因素表　　　　　　　　　　　　　　　表10-2

影响因素　　生产潜力	年均温（℃）	土壤肥力（积分）		土层或耕作层厚度(cm)		产量（kg/ha）或覆盖度（%）	
		山地	水田	山地	水田	山地	水田
Ⅰ	>18.8	>25	>75	>100	>15	>450	12000～7500
Ⅱ	18.8～17.5	25～20	75～65	100～50	15～10	450～300	7500～6000
Ⅲ	17.5～16.8	25～20	75～65	100～50	15～10	450～300	7500～6000
Ⅳ	<16.8	<20	<65	<50	<10	<300	6000～3750

限制程度评定因素表　　　　　　　　　　　　　　　表10-3

影响因素　　限制程度	地面坡度	绝对高程（m）	岩　性	人口密度（人/km²）
Ⅰ	<3	<200	第四纪砂砾岩	>550
Ⅱ	3～15	200～400	变质岩	550～250
Ⅲ	16～25	401～800	变质岩	251～100
Ⅳ	>25	>800	花岗岩	<100

生产潜力因素指数表　　　　　　　　　　　　　　　表10-4

影响因素　　生产潜力	年均温 $W=2$	土壤肥力 $W=1$	土层厚度 $W=1$	产　量 $W=0.5$	指数和	等级指数界限值
Ⅰ	8	4	4	2	18	18.0～15.2
Ⅱ	6	2.5	2.5	1.3	12.3	15.2～11.3
Ⅲ	4	2.5	2.5	1.3	10.3	11.3～7.4
Ⅳ	2	1	1	0.5	4.5	<7.4

限制程度因素指数表　　　　　　　　　　　　　　　表10-5

影响因素　　限制程度	地面坡度 $W=2$	绝对高程 $W=1$	地表岩性 $W=1$	人口密度 $W=0.5$	指数和	等级指数界限值
Ⅰ	8	4	4	2	18	18.0～15.5
Ⅱ	6	3	2.5	1.5	13	15.5～11.3
Ⅲ	4	2	2.5	1	9.5	11.3～7.0
Ⅳ	2	1	1	0.5	4.5	<7.0

2．土地评价单元的生成　土地类型是土地潜力评级的基本空间单元，即土地评价单

元。本系统提供了土地类型的自动分类,其过程如图 10-9 所示。根据地形类型和土壤类型的组合而建立的土地类型分类系统(表 10-6),一共得到 14 种不同的土地类型作为土地评价单元。

土地类型分类系统　　　　　　　　　　　　　　表 10-6

一、平地类	1 山间盆地平洋田	四、低山类	9 红壤低山地
	2 河谷盆地平洋田		10 暗红壤低山地
二、岗丘类	3 红壤低岗丘地		11 黄红壤低山地
	4 暗红壤低岗丘地		12 黄壤低山地
三、丘陵类	5 红壤丘陵地	五、中山类	13 黄红壤中山地
	6 暗红壤丘陵地		14 黄壤中山地
	7 黄红壤丘陵地		
	8 黄壤丘陵地		

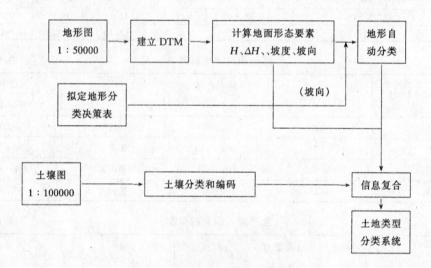

图 10-9　自动提取土地类型信息过程

3. 土地生产潜力评级模型　采用加权因素组合方法,产生土地生产潜力分级值 E_j($j=1,4$)和土地限制程度分级值 C_j($j=1,4$)。然后通过土地类型文件的各个栅格,利用以下公式,逐一计算各个评价单元的评价值 G,进行合理的分级。

$$G(L) = \frac{1}{N} \sum_{i=1}^{N} (E_{ij} + C_{ij}) \tag{10-3}$$

$$G(L) = \frac{1}{N} \sum_{i=1}^{N} (E_{ij} + C_{ij}) + K \tag{10-4}$$

式中　E_j——生产潜力分级值;
　　　C_j——限制程度分级值;
　　　j——分级数($j=1,4$);
　　　L——土地类型序号;

N——土地类型 L 的栅格数;

K——土地利用条件差别参数。

土地利用条件差别参数是指考虑到农业、林业、牧业用地的不同,或者区域间条件的差异,使得对评价单元的质量有不同的影响和要求,因而引入适当的带符号的调整系数。本研究区域地处山区,土地利用的主要方式是农林结合。根据试验,当 K 取值为 1 时,可以反映本区土地按农林用地划分的等级系统。农林的界线一般以岗丘为界。岗丘以下,包括岗丘、平原和河谷两岸,为旱作与产粮带。岗丘以上的丘陵和坡度小于 20°的低山,为经济林带。其他低山和中山为林木带。因此,当 $L=1\sim4$ 时,使用公式 (10-3);当 $L=5\sim14$ 时,使用公式 (10-4)。于是得到各个土地类型单元的评价值 $G(L)$。然后根据 $G(L)$ 值,按等差分级方法进行土地等级的划分。其计算公式如下:

$$\text{分级界限} \quad T_i = G_{\max} - i \times D, i = 1, 2, \cdots, N$$

式中　级差 $D = (G_{\max} - G_{\min})/N$;

N——分级数;

$G_{\max}$——土地的最大 G 值;

$G_{\min}$——土地的最小 G 值。

当土地按 4 级制划分时,根据上述公式,得到各个等级土地的分级界限值如下:

一等地　　　　＞6.555

二等地　　　　6.555～5.985

三等地　　　　5.984～5.415

四等地　　　　5.414～4.845

4. 结果的计算与输出　根据土地生产潜力评价模型,结合土地资源信息系统中分析和处理数据的功能,计算土地生产潜力评级结果,如表 10-7。

土地的 G 值及其分级　　　　表 10-7

土地类型	G 值	土地生产潜力评级	面积 (km²)	占总面积百分数 (%)
1	7.126	1	14.375	7.05
2	6.167	2	1.500	0.74
3	6.601	1	39.750	19.49
4	6.500	2	0.500	0.25
5	6.777	1	26.375	12.93
6	6.407	2	1.687	0.83
7	6.150	2	1.260	0.61
8	5.549	3	4.438	2.18
9	5.829	3	37.375	18.32
10	6.215	2	8.437	4.14
11	5.375	4	19.312	9.47
12	4.871	4	32.000	15.69
13	4.846	4	0.818	0.40
14	4.958	4	16.187	7.94

思 考 题

1. 如何评定航空像片的质量？
2. 航空像片与地形图有哪些差别？
3. 简要叙述航片的判读方法。
4. 多光谱扫描仪获得的影像具有哪些光谱特性？
5. 如何判读卫星影像上的地貌？
6. 什么是 GIS？它有哪些功能和应用？

参 考 文 献

1. 国家计划委员会农业区划局，农牧渔业部土地管理局．土地利用现状调查手册．北京：农业出版社，1985
2. 严星，林增杰主编．地籍管理．北京：中国人民大学出版社，1993
3. 林培主编．土地资源学．北京：中国农业大学出版社，1996
4. 王万茂主编．地籍管理．北京：地质出版社，2000
5. 刘黎明，张军连等编著．土地资源调查与评价．北京：科学技术出版社，1994
6. 国土资源部土地估价师资格考试委员会编．土地管理基础．北京：地质出版社，2000
7. 陈焕伟编著．土地资源调查．北京：中国农业大学出版社，1998
8. 朱德举主编．土地评价．北京：中国大地出版社，1996
9. 刘卫东编著．土地资源学．上海：百花出版社，1994
10. 陆红生韩桐魁．土地利用与管理手册．西安：陕西人民出版社，1987
11. 严星，林增杰主编．城市地产评估．北京：中国人民大学出版社，1999
12. 陈安泽，卢云亭等著．旅游地学概论．北京：北京大学出版社，1991
13. 辛建荣，杜远生等编著．旅游地学．天津：天津大学出版社，1996
14. 张国政主编．土地资源学．天津：天津人民出版社，1996
15. 王世俊，马凤堂编著．摄影测量学．北京：测绘出版社，1995
16. 宋子柱主编．土地资源学．北京：中国大地出版社，1999
17. 孙中才主编．地籍管理．天津：天津人民出版社，1996
18. 刘艳芳编著．经济地理学．武汉：华中师范大学出版社，1992
19. 陆红生主编．土地管理学总论．北京：中国农业出版社，2000